◇祖霊さまに感謝するハンドブック◇

〈幸せの花を咲かせましょう〉

祖霊さま

―祖霊さまとのご縁を結び直し、パワーをいただく―

国際心相科学協会会長

宮城　悟

この本は良い運を味方にするための本です。
この本にはあなたが幸せになるための祈りが込められています。
毎日持ち歩きますと
祖霊さまに守られて
心が穏やかになります。

〈あなたへの祈り〉
あなたの願いがかないますように。
あなたが成功しますように。
あなたがさまざまな災いから守られますように。
あなたの人生が素晴らしいものになりますように。
あなたが幸せになりますように。

皆さま、ようこそ！

この本は世界で初めて祖霊さまについてまとめた本です。
祖霊さまはすばらしい！
祖霊さまの存在や力には感動します。
この二十一世紀に人類史上初めて、
祖霊さまのしくみが公になり皆様に提供されます。
祖霊さまのしくみを信じ、その力を活用する、
一度しかない人生を豊かで実りあるものとする唯一の方法です。
さあ、一度しかない人生に悔いを残さないために、
祖霊さまの力をお借りして、幸せの花を咲かせましょう。

〈本文の情報の構成〉

本文の読み方をご紹介しましょう。

この本の構成をあらかじめ理解して読み進めていきますと、楽しく情報を理解できます。

本文では二百余りの項目を下記の内容に整理してまとめております。この流れを押さえてお読みください。

一、はじめに↓皆様にお伝えしたい内容の説明をしています。
二、第一章↓祖霊さまが三十名いる、というしくみを説明しています。
三、第二章↓祖霊さまってなぁ〜に、祖霊さまについて説明しています。
四、第三章↓ワークショップの全体像をつかんでいただくための説明です。
五、第四章↓毎日の運を味方にする感謝活動の仕方を説明しています。
六、第五章↓祖霊さまに関するさまざまな内容を説明しています。
七、祖霊さまの歌↓祖霊さまに関する内容を「歌」という表現にしています。
八、あとがき↓本文で伝えたい内容のまとめです。

〈この本の特徴と活用のしかた〉

・本文の○で示された項目は、祖霊さまに関する必要な情報です。一つひとつのテーマが独立して完結していますので、関心のある項目を拾ってお読みください。今日の気分で、パッと開けた○の項目を呼んでも抵抗なく読み進めていけます。

・この本には、祖霊さま三十名の図がカードとして挿入されています。カードを目の前に置いて、眺めながら読み進めていってください。祖霊さまのイメージが強化されます。

・この本では、祖霊さまに関する情報を限りなく拾っています。あなたの気になる情報を目次から検索して読み進めてください。

〈本文の内容へのご理解〉

本文では、既存の神仏の役割を否定しているかのように伝えていますが、決して、神仏の役割を否定しているわけではありません。神仏への信仰の基本となる祖霊さまへの感謝の気持ちを大切にしていただくために、あえて、「神仏は人を救わない」という言い方をいたしました。理想としましては、それぞれの信仰と祖霊さまへの感謝する行為を大切にしていただければと願っております。

〈目次の項目の説明〉

この本は、通常の本の執筆工程とは少し異なります。通常の本の場合には、あらかじめ大きな項目を決めてあと、それに合った小項目を決めて、文章を書き始めるといった順番です。

しかし、今回の本は、祖霊さまに関する皆さんが関心のある項目にはどんなものがあるのか、伝えたい内容はどんなものか、ということを前提として項目の拾い出しを始めました。

拾いだした項目の数はなんと二百二十三個になりました。

考えに考えて、他にはないかということで拾い出した数です。

したがいまして、以下の目次の項目は、そのまま拾い上げた二百二十三個の数になっています。

今回は、目次に十数ページの紙面を割きましたのは、目次の項目が祖霊さまに関するすべてのテーマであるということであります。本目次を祖霊さまに感謝するハンドブックの一覧表として活用いただければと願っております。

〈目次〉

第二章
幸せの花を咲かせましょう
祖霊さまってどんな人なんでしょう

祖霊さまはいつもあなたのそばにいる
祖霊さまはあなたが思い出してくれることを待っている
祖霊さま三十名図は上四代十六名十六家の祖霊さまからスタートする
上五代以上の祖霊さまの位置づけ
親戚って何でしょう
兄弟姉妹って何でしょう
祖霊さま三十名以上の人とのご縁
祖霊さま三十名図と養父母との流れ
夫婦になるということは相手の三十名の祖霊さまに出会うということ
婿養子をとって家を継いだ人はどのような役割があるのですか
祖霊さまはあなたがいて初めて存在する
ワークショップは祖霊さまの生年月日がわからなくてもできる
上三代からは名前も顔も知らない祖霊さまですが、どうすればイメージできますか
今までの自分を見つめ直す作業
結び直しは自分の内心と向き合うこと
自分のルーツを知るということは祖霊さま三十名に出会う旅のことをいう
祖霊さまとのご縁の結び直しを通して生まれてきた意味を知る
結び直しのワークショップの期間

五、家族を守る「中心」の重要性

第五章　幸せの花を咲かせましょう
祖霊さまに関するさまざまなテーマ　305

◇祖霊さまに感謝するハンドブック◇

はじめに

幸せの花を咲かせましょう

あなたが祖霊さまに気づきさえすれば

人生は変わります

はじめに

私の受けた衝撃と感動をどのように皆様にお伝えすることができるかは、なかなか難しいものがあります。しかし、あまりにも大切で重要なことは、何がなんでも皆様にお伝えしなければなりません。それが私に与えられた使命です。

私は、これから皆様方にご紹介するテーマに出会うために、この時代に生まれ、長い人生の果てにこのテーマの「種」をいただきました。

この種は「幸せの花」の種です。
皆様の人生に「幸せの花」を咲かせるための種であります。
幸せの花を咲かせましょう。

いただいた種を皆様の心に種まきをして、水をやる作業が私の使命であり役割です。やがて、この幸せの花の種は、芽を出し、成長し、皆様一人ひとりの幸せの花となって大輪の花を咲かせることでしょう。

この大切なテーマを、本という活字で伝えるには、本来は無理があります。皆様にこの大切なことを知ってもらうためには皆様一人ひとりの「体験」しかありません。しかし、いきなり、わけもわからずにワークショップに参加し体験することには勇気が必要です。ここでは、本で伝えるのは難しいということを承知の上で、あえて本にして皆様にお伝えします。ワークショップを前提とした内容になっていますのでわかりにくいことがたくさんあるかとおもいます。

どうぞ、あきらめず、途中で投げ出さずに最後までお読みいただければと願っております。

一つだけ私からのメッセージです。

あなたには三十名の祖霊さまがいます。この三十名があなたを守っています。三十名があなたに生きる希望と勇気と力を与えています。

この衝撃的な理由を知る旅の始まりです。トビラを開けてみましょう。
あなたの新しい世界が待っていますよ。

○祖霊さまのテーマに出会った意義

今から十年余り前になりますか、私が五十五歳のときです。

いつものように喫茶店でコーヒーを飲みながらいろいろと考えたことをまとめていたときであります。そのときに私の頭に降りてきたのが「祖霊さまを大切にし、ご縁をもう一度結び直す」ということでした。私にとっては人生五十五年の中で最大の衝撃的な出来事でした。感動に体の震えが止まりませんでした。そして、この衝撃的な大切なテーマを晩年のこういった年齢で私に与えてくださった天の計らいに涙が止まりませんでした。

○自分がこの世に生まれてきたのは両親のおかげであります

これは誰しも否定できない事実です。しかも、両親の上には祖霊さまがいて、亡くなった後も今の私を見守り支えているということであります。

そして、その数は何と三十名もいるというのです。

これには驚きを禁じえませんでした。人はいつも自分一人で人生を歩んでいるという気持ちで生きています。スピリチャルの世界でいう守護神や守護霊が存在したら、さぞ心強いでしょう。人生を自信をもって歩めるに違いないという思いになります。人によってはその存在を求めて、いろいろな場所や組織や人に出会う旅に出かけます。しかし、大半の人は、その存在を求めていても心からその存在を信ずることができないために結局、自分一人の人生の旅を続けなければなりません

こういった多くの人の気持ちに立てば、正に、追い求めていたものが身近に存在し、私だけを守ってくれている存在であったというわけです。自分に連なる祖霊さまが自分を守ってくれているということを知ったときに、あなたは新しい人生が始まることになります。こんなに身近でこんなに私を愛してくれている存在、それが私の祖霊さまであったというわけであります。人生は一人で歩んでいるわけではなく、祖霊さま三十名と自分を含めた三十一名で旅をしているのです。しかもこの祖霊さま三十名はその存在を信じさえすれば必ず自分を救ってくださる、こういった存在が祖霊さまであったということに驚いたのです。

この自分を守ってくれる祖霊さまは、別段、特別に探す必要もなく、あなたが求めさえすれば、その瞬間からあなたを守護する存在として役割を演じてくれます。こんな素晴らしいことは他にはありません。私はこのことに気づかされたのです。

この祖霊さまのしくみを知らされたということは、私一人のためでもありますが、この世に生ま

れてきた社会的使命からしますと、社会の多くの人のためということでもあります。ありがたいことです。このしくみに出会った意義を忘れずに、今後の残り少ない人生を歩めればと願っております。

〈大切な言葉〉

祖霊さま三十名はその存在を信じさえすれば必ず自分を救ってくださる

○感謝する心の原点

世の中では最も大切な行為は「人に感謝する」こととされています。
これは他者のためでもありますが、自分の運を良くするためでもあります。
しかし、自分がこの世に生まれたことが両親をはじめ、自分に連なる多くの祖霊さまのおかげであることからしますと、すべての感謝の原点は両親を含めて自分の祖霊さまに感謝することにある、ということになります。人生では、さまざまな感謝活動がありますが、その原点は自分がこの世に生まれたきっかけを作った祖霊さまへの感謝の気持ちです。この原点となる祖霊さまへの感謝ができない人は、どんなに他者に感謝しても、それは偽りの感謝でしかありません。人生で最も崇高な行為は、人に感謝することです。私たちは、多くの感謝の場面を通じて、運を味方にし、幸福を手に入れ、穏やかで安らいだ人生を歩んでいくのであります。

〈大切な言葉〉

世の中では最も大切な行為は「人に感謝する」ことです。

○人生で最も崇高で重要なテーマ

若い頃は将来すばらしい人物になりたいと思い、多くの成功者の自伝を読み、人生を切り開くための多くのことを学びました。さまざまなセミナーにも参加しました。

それは一つひとつが今を変え、人生に道を開くための体験になりました。おそらく長い歳月でこういったことは、私の血となり肉となり、今日の私を培ったものになったに違いありません。過ぎ去ってみますと、人生で学んだことは何一つとして無駄なことはなかったとしみじみ思います。

ところが、今回の祖霊さまの大切さを再認識させられ、祖霊さまとあらためてご縁を結び直すというワークショップに参加してみると、このワークショップこそが私自身の人生で最大なワークショップだと知らされたのです。

その後の私の感想ですが、「今までの社会で行われていたセミナーの中で、これ以上のものは存在しない」ということであります。そして、その体験を経て後の毎日の祖霊さま感謝活動こそが人生で最も崇高な行為であり、活動ということを知らされたのでした。

人間の器、経営者の器というようなことを私たちはよく耳にします。

その器は人間力のすばらしさを示す例えです。その器は「おもいやりの心」の深さのことを言います。そのおもいやりの心の深さは、とりもなおさず自分を生んでくれた両親や自分にいろいろなことを伝え、守って下さる祖霊さまを大切にする心に他ならないからです。

そして、「人生は運を味方にする旅」という見方で言いますと、正に、両親や祖霊さまを大切にする態度が運を味方にしての幸せな人生ということになります。

〈大切な言葉〉

世の中では最も大切な行為は「人に感謝する」ことです。

○あなたはいつも「変わる」ことを求めている

人生はいつも未来から不安の情報が事柄となって押し寄せてきます。不安は悩みを呼び、悩みはさらに不安を深くしていきます。不安というのは、「知らないこと」からくる心理です。

ですから、私たちの人生は生まれたときから知る作業に費やされ、それはあの世への旅立まで一生続くものです。その意味においては、生まれてきた意味や生きる意味を知ることは人生に起こるさまざまな不安を乗り切ることができるモノサシになるものです。

人生というのは自分の気持ちや意識しだいでいかようにでも変わることができます。

人間の一生は欲望の一生です。

いつも何かしらの願い事があり、それを手に入れたいと葛藤し、もがき苦しむものです。この求める心が不安を生み出します。何も求めなければ不安も生じませんが、求めない人生というのは生きる意欲や情熱の炎も消え去ってしまいます。人は何かを求め続けるからこそ人であり、単にメシを食えて生きるだけでは人間とは言えません。

「人生というのは一度きり」これは歳を重ねれば重ねるほど実感するものです。人間はＤＮＡの設計図に、未来に向かって心地よく生きるように刻まれています。心地よく生きるとは、ポジティブ（楽天的）に生きるということです。どんなに逆境におかれても、未来への希望を持ち続けることができるのが人間です。「変わりたい」という欲求はこういった人間の本性としての姿です。その変わりたい欲求を満足させ、気づいた後の人生を素晴らしいものにするのが、今回紹介します「祖霊さまとのご縁結び直しのワークショップ」と、その後の「毎日の祖霊さま感謝活動」です。

どうぞ、それぞれの求めている「変わる」というテーマを、もう一度確認してみてください。変わる方向性や変わるための日々のアプローチがわかれば。後はやるだけです。変わることは実践であります。実践することは、あなたを決して裏切らないものです。実践の結果として、未来に待っているのがあなたの輝いている姿なのです。

〈大切な言葉〉

人生というのは自分の気持ちや意識しだいでいかようにでも変わることができます。

○生まれてきた意味と生きると理由

〈問いかけてみましょう〉

①なぜ自分は生まれてきたのか
②誰が命を授けたのか
③誰のおかげで今自分は存在しているのか、

生まれてきた意味や生きる理由というテーマは普段は考えることはありません。なぜなら、考えたからと言って答えが見つかるものではないからです。

しかし、自分が人生の岐路に立たされ、現状を変えたいと思ったときに、このテーマが重要になってきます。とは言っても「考えよう」と思って考えることではないのです。否応なしに結果として考えてしまうということであります。生まれてきた意味や生きる意味を考えるということは、そこには「自分が変われるための答えがあるかも知れない」という思いがあるからです。そのような気持ちの裏には運のテーマが横たわっています。

「運」というテーマは不思議なもので、誰が考えたかはわかりませんが、何万年何千年の昔から人類にとって、生きる上での最大なテーマになっています。

人類が文明を発達させ文化を発展させたのも運のテーマです。そして、私たちが個々の幸せを願ったことも運という概念の中で考えてきたテーマでした。その意味からしますと、生まれてきた意味や生きる意味を知るということの先にあるのが運を良くするということです。

この問いかけの中に運を良くする答えが隠されています。

このテーマを考えますと、自ずから自分の存在は親が生んでくれたおかげということに気づきます。

実は運を良くする生き方というのは自分を生んでくれた親をおもう心、感謝することにあるのです。

宗教やスピリチャルの世界では運を良くするアイテムをいろいろすすめます。多くの場合は形のあるグッズ化されたものが多いでしょう。それはそれなりに、それを大切にする人にとっては意識を変えるものとなるでしょう。

しかし、根本的に親を大切にできない人がどんなにグッズを沢山持っていても何の効果もありません。本当に人生を良くしようとしますと、この親を大切にする、祖霊さまを大切にするということしか方法はありません。

昔から成功し名を上げた人は親を大切にし、祖霊さまを大切にした人でした。

親を大切にし、祖霊さまを大切にした人の子孫が、後々まで継承され繁栄していくのです。それには例外はありません。歴史上の人物で親を死に至らしめて天下を取った人もおりますが、その人の後の一族の繁栄は長くは続きません。

今回、皆様に紹介する祖霊さまとのご縁結び直しのワークショップと、その後の毎日の祖霊さま感謝活動の実践は、あなたが生まれてきた意味や人生の生きる意味を発見し気づくための唯一のアプローチとなるものです。

〈大切な言葉〉

昔から成功し名を上げた人は親を大切にし、祖霊さまを大切にした人でした。

○運を良くする最高のテーマ

私たちが普段一番気になることは、運が良いか否かということです。

〈さまざまな運の呼び方〉

願うもの	金運・金銭運・財運・経済運・財産運・仕事運・出世運・事業運 恋愛運・結婚・子宝運・家庭運・健康運・勝利運・勝負運 当選運・合格運・くじ運・男運・女運・社交運・人脈運・人気運
主体	国運・会社運・一族運・個人運・チーム運
状況	幸運・良運・悪運・不運・開運・命運

私は日頃多くの方から相談を受けますが、お客様から開口一番に出るのが「先生、私の今の運気はどうですか」ということです。運気と運は厳密に言いますと全く異なるテーマですが一般的には同じようにみられております。

私たちの周りには「～運」という言い方が沢山あります。この「～運」をよくよく見てみますと、それ一つ一つが私たちが求めている具体的なテーマであることが解ります。

昔の人は、求めているテーマを「運」という言葉でマトメ、表現したものだとつくづく感心致します。

人類の歩みは、この「～運」と名称を付けた様々な運を手に入れる旅でありました。そして、一人ひとりの人生という時間をみましても、日々の生活の行為はどのように運を味方にできるかに一喜一憂するものであります。「運を良くする」ことが成功であり、幸せであるとしますと、当然のこととして、「運を良くする方法」を求めるものです。

「～運」と名称を付けた多くの運は、私たちの「願い」であります。

人生はいつも願いを追い求めて旅をしています。良い運を手に入れたということは、願いが一つ叶ったという意味であります。人は願いを叶えるために良いと信ずることは何でやります。良い運を手に入れるため、良い運を味方にするためにはどんなことでもします。宗教における神社仏閣の存在やそこで行われる儀式や様々な提供物はすべてが良い運を手に入れるための材料であり対象であります。

〈**運を味方にする方法**〉

①運様は不安が嫌い↓不安になると運様が家出する
②運様は動くことが好き↓動かないことが死
③運は人の中で生きる↓人間関係の良い人がチャンスをつかむ
④人が良いと思うことを運様も喜ぶ↓人が嫌うことは運が逃げる
⑤口に出したことは何がなんでもやる↓言上げ、コミットメント
⑥様子見をしてはいけない↓思ったことは迷わないで行動する
⑦つぶしの引力と成功の引力↓悪魔はあなたの弱点を攻めてくる

人類の歴史は「運」という視点でみますと、私たちの行為のすべてが運を味方にする行為ということになります。

今回、皆様方に紹介する祖霊さまとのご縁結び直しのワークショップと、その後の毎日の祖霊さま感謝活動は何のためにあるかと言いますと、実は、運を味方にするために行うものです。

この二つの作業は、おそらく、今まで人類が発見し、しくみとして作り上げてきた運を味方にするさまざまなアプローチの中で、未だかつてなかったものとして、人類史上初めて現れた究極のしくみと言えるものです。

こういったしくみを二十一世紀の今の世にテーマとして与えられたのは、「今、そのしくみの大切さを知らなければ、人類の未来はない」という神仏のメッセージにおもえてなりません。これこそが未来の人類を幸せにする最高のテーマなのです。

○祖霊さまとのご縁結び直しをする二つの目的

今回、皆様にご紹介するご縁結び直しのワークショップの目的には二つあります。

〈二つの目的〉

一つ目は、祖霊さまとのご縁をあらためて結び直すということです。
二つ目は、祖霊さまから生きる上での勇気とパワーをもらうということです。

祖霊さまとご縁を結び直すとは何でしょうか。

実は、両親や祖霊さまとはご縁があって家の絆を結んでいますので、生まれたときに既にご縁で結ばれております。ところが、私たちはそのご縁を当然なことと思って今日まで生活してきました。中には、せっかくご縁をいただいているにもかかわらず、両親との争いや葛藤からご縁の糸を切ってしまった人もおります。ご縁の糸がつながっていない人生は幻の人生であります。幻ですからどんなに頑張って手に入れた人生も本当の人生には永遠になりません。

世間でよく、若い頃に成功を手にした人が、しばらくするとすべてを失うという話を聞きます。このような人の多くが祖霊さまとのご縁の糸が切れた人です。生まれてきた原点のご縁を結び直さない限りは一時的に手に入れた成功や幸福も砂上の楼閣にすぎません。ご縁の結び直しをする重要性はここにあります。人生の初めに祖霊さまとのご縁結び直しができれば良いのですが、やはり、物心ついて、ある程度の年齢を迎えなければ結び直しの重要性がわかりません。ですから、実際には本当の人生を歩むスタートは中学生ぐらいと考えています。

祖霊さまとのご縁結び直しのワークショップの目的は、この結び直しの作業を通じて、今までの両親とのご縁を、ゆるぎない、本物のご縁に結び直すということであります。

この作業を通して、あなたには、人生を歩んでいくための、あなた自身の意識や意思の力を強化していってほしいのです。人生では、さまざまな情報が事柄となって時間軸の中で未来からどんどん押し寄せてくると言いました。その事柄に向き合い、乗り越える力こそ意識や意思の力です。

この世は意識の大海原、すべての現象は意識によって創られたものであります。

意識とは気持ちであり、心理です。人生の荒波を乗り越えるには、負けない心、負けない意識を持たなければなりません。この意識の強化に役立つのが「祖霊さま三十名に守られて生きている」

という気持ちであり、祖霊さま三十名と協力して人生のさまざまな問題点を解決していくということであります。

祖霊さまからパワーをもらうとは、何か物質的なパワーのことではありません。

祖霊さまからいただくパワーは意識のエネルギーです。

この意識のエネルギーは祖霊さまとのご縁結び直しのワークショップを通じて自ずから身につくものです。これは意識の強化と言っても良いでしょう。信ずる力でもあります。信ずる力さえ強化できれば、どんな困難でも道は開けます。祖霊さまのご縁結び直しの二つの目的を実現することによって、あなたは新しい自分に生まれ変わっていくのです。

〈大切な言葉〉

この世は意識の大海原、すべての現象はあなたの意識によって創られる。

○祖霊さまからパワーをもらって生きる

祖霊さまからパワーをもらって生きるということはどういう意味でしょうか。

何かをもらうというのは一般的には物質的なテーマです。

しかし、祖霊さま感謝活動におけるパワーとは、あなたの意識に宿す力のようなものを言います。

あなたが祖霊さまからパワーをいただいたという確信が今後のあなたの人生を切り開くものになります。

これには前提があります。

〈パワーをいただける前提とは〉

> **この世は意識の大海原、ありとあらゆるものが意識の力によって現象化された世界。あなたの意識の力がすべてを創り、それを享受している。**
> **「想った瞬間→実現」が法則となっている。**

この意識の力の存在は、なかなか説明が難しいものがあります。

ある意味では、概念の世界です。

しかし、この概念の世界の中で生きているのが人間であります。この概念は生きる上での土台と言っても良いでしょう。人生というのは、この意識の力を育む旅ということでもあります。ものごとに成功するというのも、その人の意識の力の結果に過ぎません。だからこそ、この概念としての意識をどのように実体のあるものとして手に入れるかが人生の最大のテーマとなるものです。

祖霊さまからパワーをいただくという発想はこの作業を通じて意識の現象化を身につける作業というわけです。私たちの意識とは、日常生活においては「〜したい、〜なりたい、〜ほしい」という願いによって認識されるものです。意識の現象化とは、その願いの実現となって証明されていきます。祖霊さまからパワーをもらって生きるとは、意識を現象化するための実践の姿と言って良いでしょう。

○未来の人類が幸せになる道

私たち人類は一貫して争いのない平和な世の中を求めてきました。

争いは、力を持った者が私利私欲のために起こしたり、人と人が差別しあい、その結果として起こったことであります。戦争は私たちの生命や財産をすべて奪い去っていきます。人間としての未来への夢や希望も消し去っていきます。戦いの後には誰しもが平和であった日々を懐かしみ、もう一度、平和な日々を求めるものです。国と国、民族と民族、人種と人種、といった大きなくくりでの争いは武力をもって戦争という形で現れるものです。個々においては人間関係の葛藤がさまざまな争いを引き起こします。

こういった争いは、人間の本質から引き起こされるものです。

人間の存在そのものに付きまとうものです。極論として言いますと、「人間をやめなければ争いはなくならない」ということになります。

〈解決のヒント〉

> **人間の本質につきまとうテーマである「平和」への希望は、同じ本質的な原理でしか手に入れることはできません。**

私たちは「平和」を求めています。しかし、人間の本性からしますと、永遠に平和が訪れることはありません。一時的な平和の時間も、いつしかくり返す波のように、また争いの波が押し寄せてきます。

その本質的な原理とは、人のつながりを表す祖霊さま三十名図のしくみであります。

今という時空の中で存在する人は、赤の他人です。しかし、四代下までの時間が進んでいきますと、血を共有する子が誕生します。そのしくみの流れを過去にさかのぼって考えてみますと、未来の子孫のために今私たちは何をしなければならないかがわかってきます。

これを今の人類という大きな視点でみてみますと、未来の子孫は人類のすべての子孫のことであります。毎日の祖霊さま感謝活動をする意義は、この活動を通じて、人と人が出会うしくみを知るということであります。そして、このしくみを知った途端に、今の人々が争うことがいかに未来の子孫に悲しみを残してしまうかを知ることになります。

この祖霊さま感謝活動を皆様に勧めるのは、皆様の一人ひとりの人生を豊かなものにしてほしいという願いからであります。同時に、大きな意味では人類の未来が豊かで幸せに満ちあふれたものになってほしいという願いからであります。

そういうことを一人ひとりが気づけば、きっと未来はすばらしい社会になるに違いありません。

〈大切な言葉〉

今は他人として、互いに争っている人の子孫が未来の家族になるかもしれない、八十年後の未来を創造する力が平和になるのです。

第一章

幸せの花を咲かせましょう
あなたにはあなたを守護する三十名の祖霊さまがいます

第一章　あなたにはあなたを守護する三十名の祖霊さまがいます

幸せの花を咲かせるための第一歩を踏み出しましょう。

昔から日本では、あなたの上の祖霊さま三十名が、あなたを支え守っているという考えがあります。

少しイメージしてみましょう。

あなたの上一代が両親です。二人います。その上が祖父母で四人います。その上が曾祖父母で八人います。そして、そのまた上が高祖父母で十六人います。父方十五人、母方十五人、合計すると三十人になります。理論的には、その上の五代も六代もおりますが、生きている可能性として、影響を及ぼしている範囲が上四代というわけです。

〈あなたの上四代のしくみ〉

上四代	高祖父母	16人	祖霊さま 30人
上三代	曾祖父母	8人	
上二代	祖父母	4人	
上一代	両親	2人	
本人（あなた）			

※上四代は80年前の祖霊さまです。

今、生まれてきたばかりの赤ちゃんがおりますと、四代上の高祖父母は九十代です。現代は長生きですから、九十代のおじいちゃんやおばあちゃんがご健在の家族がけっこうあります。

ここまでは、あなたからスタートして上の方の祖霊さまの呼び方を見てきましたが、逆に、上四代の祖霊さまから下の子孫の呼び方をみてみましょう。

上四代から下一代は子供です。次にその下が孫です。その下が曾孫（ひまご）です。そして、あなたが玄孫（やしゃご）です。

玄孫という言葉があるというのは、その範囲で時間軸を同じくすることができることを意味しています。そうは言っても、現実には玄孫に恵まれるお年寄りはまれです。玄孫の顔を見て死ねるとは、こんな幸せはありません。

本人（あなた）	
下一代	子
下二代	孫
下三代	曾孫（ひまご）
下四代	玄孫（やしゃご）

※ 下四代は80年先の子孫です

日本では、この命をつないでいるマックスを四代までとし、「祖霊さま」と呼んでいます。それ以上の代はイメージされていません。「祖霊さま三十名があなたを守っている」という見方からしますと、この三十名の祖霊さまが重要であります。

ここで少しあなたに質問してみましょう

あなたの知っている姓を記入してください。

父の姓	母の姓	父方祖母の姓	母方祖母の姓	三代上の姓

あなたの姓は父から受け継いだものです。では、母の結婚前の姓は何でしょうか。
当然、応えることができます。

次に父の母である祖母の姓は何ですか。実はもうここから知らない人がおります。母のお母さんである祖母の姓は何ですか。もう、ここが限界です。

あなたの上四代の祖霊さまは何名おりますか。姓の数はいくつですか。

答えは

十六人・十六家・十六姓あります。

上四代十六名・十六家までたどっていきますと、多くの人が父の姓と母の姓の二つしか知らないということになってしまいます。十六の家のうち、二つの家からしか影響を受けていなければ、あとの十四家の姓は忘れても構いません。しかし、実際はあなたが忘れている十四家の姓の祖霊さまからもいろいろなものが伝えられ影響を受けてきたのです。

おそろしいことです。

あなたに命をつないだ上四代十六家のうち、二つの家しかあなたは意識していないのです。バチあたりと言えばバチあたりの子孫です。日頃、祖霊さまのことを考えたことがないから、こういったことになってしまうのです。

○あなたは祖霊さまからご縁をいただいていますか

三十名の祖霊さまの存在を意識せずに生活してきたことも驚きですが、そもそも祖霊さまからのご縁の糸がつながっているかも重要なことです。

次に、祖霊さまからご縁をいただいているかどうかの本当の意味をお話ししましょう。

あなたは、自分の両親から命をいただいて生まれてきました。ですから、その事実だけで、両親とのご縁、そのまた上四代までの祖霊さまとのご縁が結ばれていると思っています。

しかし、はっきり言って、それを「ご縁」とは言いません。

ご縁は「結ぶ」という強い意識が必要です。ですから、多くの人が、その意識がないために、ご縁が結ばれないまま今日まで来てしまっているのです。

ご縁が結ばれていない人生を私は「幻の人生」と言っています。

幻だから実体がない世界という意味です。あなたが成功していると思うことや、幸せと思うことは幻でありますから、いつまでも本物の人生になりません。いつでも崩壊するものです。

私があなたに、あなたの祖霊さま三十名とのご縁をあらためて結んでほしいと願っているのは、あなたに本物の人生を歩んでほしいからです。幻のようにいつ崩れてもおかしくない人生から、実態のある強固な本物の人生を手に入れてほしいからです。

幻の人生から本物の人生へ

あなたの年齢は

私は五十五歳のときに、このご縁結びのしくみを知らされたときにはショックでした。

「この五十五年は何だったのか」と自問自答しました。私は五十五年を幻の人生として歩んできたに過ぎなかったのです。

しかし、私はショックの反面、安堵しました。この五十五歳でご縁結びのしくみをギリギリセーフで知らされ、気づかされたからです。残り少ない人生の晩年で、天はよくぞ私にこの大切なテーマを与えてくださったと感謝の気持ちでいっぱいになり涙が止まりませんでした。
多くの方が祖霊さまとご縁を結び直さないままに幻の人生を歩んでいる、そして、その幻のままに一生を終えていく。

〈私からの問いかけです〉

この事実をあなたはどう考えますか。
あなたはこのまま、結び直しもせずに本物の人生を歩まなくてもいいのですか。

私は、この大切なテーマを皆様に実践してもらうために、気づいたその日のうちにワークショップという形でしくみをつくりました。

○結び直すためには何をすればよいでしょうか

「結び直す」というのは実際にはどうすればよいのかなかなかイメージできないでしょう。ですから、イメージできるように、やるべきことを整理して組み立てたのです。

「結び直す」という作業は、あなたの上三十名を一人ひとり思い出す、同じ時間を持つ、意識してあげるという所作によって、自ずから結び直されるものです。

ですから、ワークショップでは、上四代三十名の方を丁寧に一人ひとり思い出す作業を設けています。

この作業をしていきますと、途中から何か感極まるものがあって涙がこみ上げてきます。

今までワークショップを受けられた人の中には、三十名の祖霊さまとのご縁結び直しの最中、涙が止まらずにハンカチで顔をおさえながら作業されている方もおりました。

涙というのは感情の沸騰点ですから、この涙が出た瞬間に祖霊さまとのご縁が結び直されたことになります。

○あなたには三十名の祖霊さまがいる

あなたは、人生は一人で歩んでいると思っていませんか。

確かに、肉体を持った個としての存在からしますと、人生は一人きりの旅であります。楽しいことも辛いことも自分で受け止め処理しなければなりません。だから辛くなるのです。

しかし、あなたの上に三十名の祖霊さまがいるということは、この三十名があなたを守ってくれるという物語です。あなたは一人ではなく、いつも三十名があなたを支え見守っています。そう思うと人生は決して辛いものではありません。

私は、この三十名の祖霊さまと、あなたを加えて三十一名のチームがあるという言い方をします。人生は、この三十一名のチームで歩んでいくということであります。スピリチャルなどの守護神や守護霊とは少し意味や役割を異にします。

私は、祖霊さまは、単なる守護する役割だけではなく共に人生を歩んでいくチームであると理解しています。ですから、いつもこのチームで相談し、チームで問題を解決し、人生の荒波を乗り越えていくということです。そう考えますと毎日が楽しくなります。

祖霊さま三十名＋あなた	三十一名のチーム

○ここで祖霊さま三十名図を見て、命の継承の流れを考えてみましょう

三十名という人数は大変な数です。

私の浅草のサロンがいっぱいとなる人数です。たった八十年でこんなにも多くの祖霊さまが存在し、あなたに命を伝え、いろいろなご縁を運んでくださっているのです。これだけでもすごいことです。

〈二つの祖霊さま三十名図〉

あなたに祖霊さまの大切さを知ってもらうために、二つの祖霊さま図を紹介しましょう。

A、タテの流れの祖霊さま三十名図
B、円の求心エネルギーの流れ図

この二つの図はそれぞれに重要な意味のある図です。私はこの図を見たときに鳥肌が立ちました。

この二つの図は、同じ時期に浮かんだものではありません。

Aの図は、あなたが考える一般の図です。

この図は、祖霊さま三十名の話を聞いたときにイメージして創ったものです。この図を見ながら命の継承やおもいの継承の深さを痛感させられたものです。

Bの図は、「なぜ三十名の祖霊さまが一人ひとり守ってくれているのだろう」と思案しているときに浮かんだ図です。この図には大いに感動しました。何か見えない仕組みに出会ったような驚きがありました。

30名祖霊さま図

―祖霊さまからのDNA遺伝子の流れ―

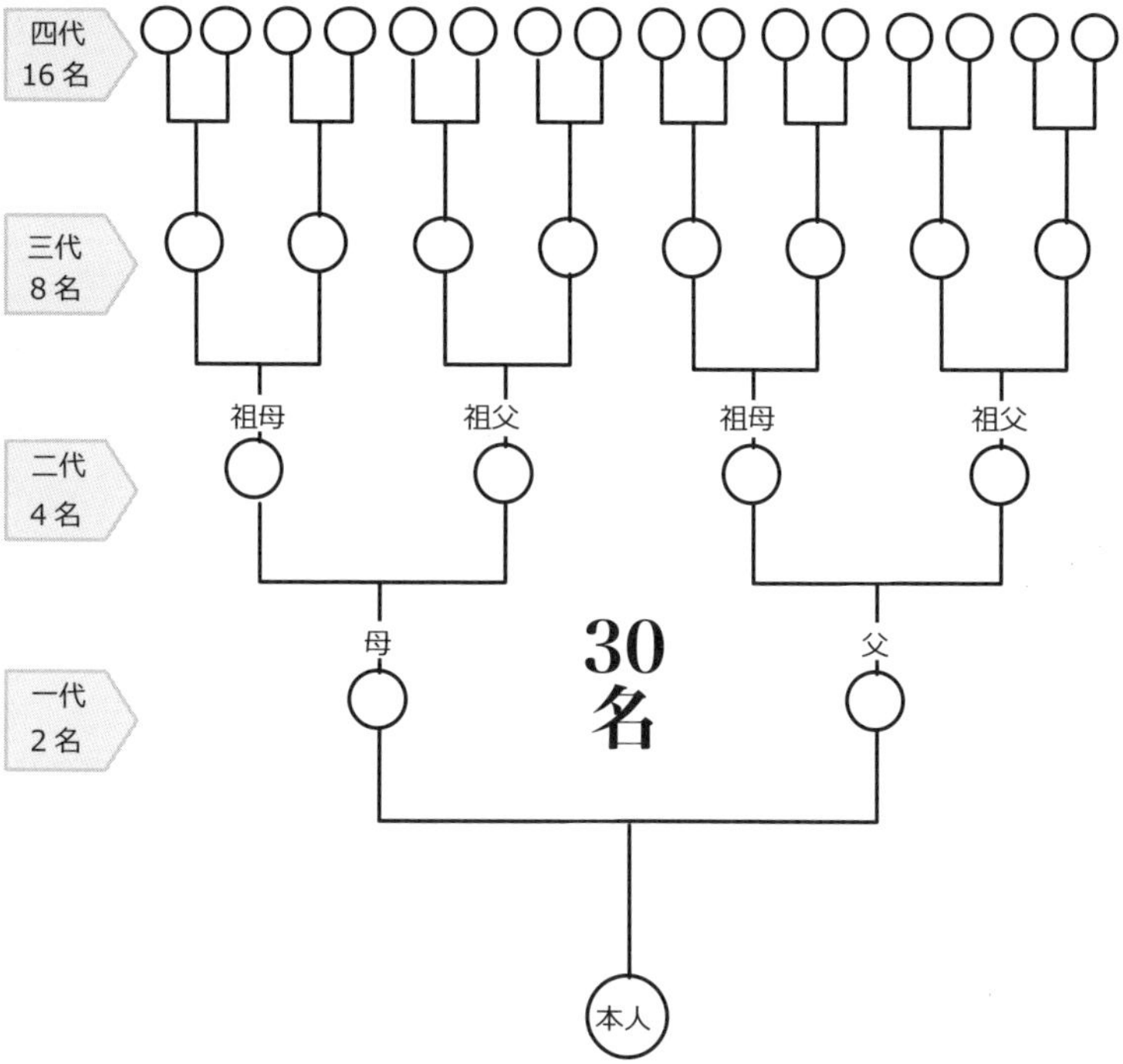

あなたの人生は、
上四代にさかのぼる30名の祖霊さまから、
いろいろなものが伝えられ影響を受けています。

Aのたての流れ図は、あなたが一般的にイメージしている祖霊さまのご縁の流れです。上一代の両親から、上四代までの三十名の祖霊さまが存在することが解ります。

ところがこの図を見ますと、上から下に向かって「代理」のような関係に見えてきます。「あなたを守る」というテーマにおいても、上四代、上三代、上二代に代わって両親があなたを守っているような関係図です。

しかし、この図では三十名一人ひとりがあなたを守っているというイメージが伝わりません。

〈B図・円の求心エネルギーの流れ図〉

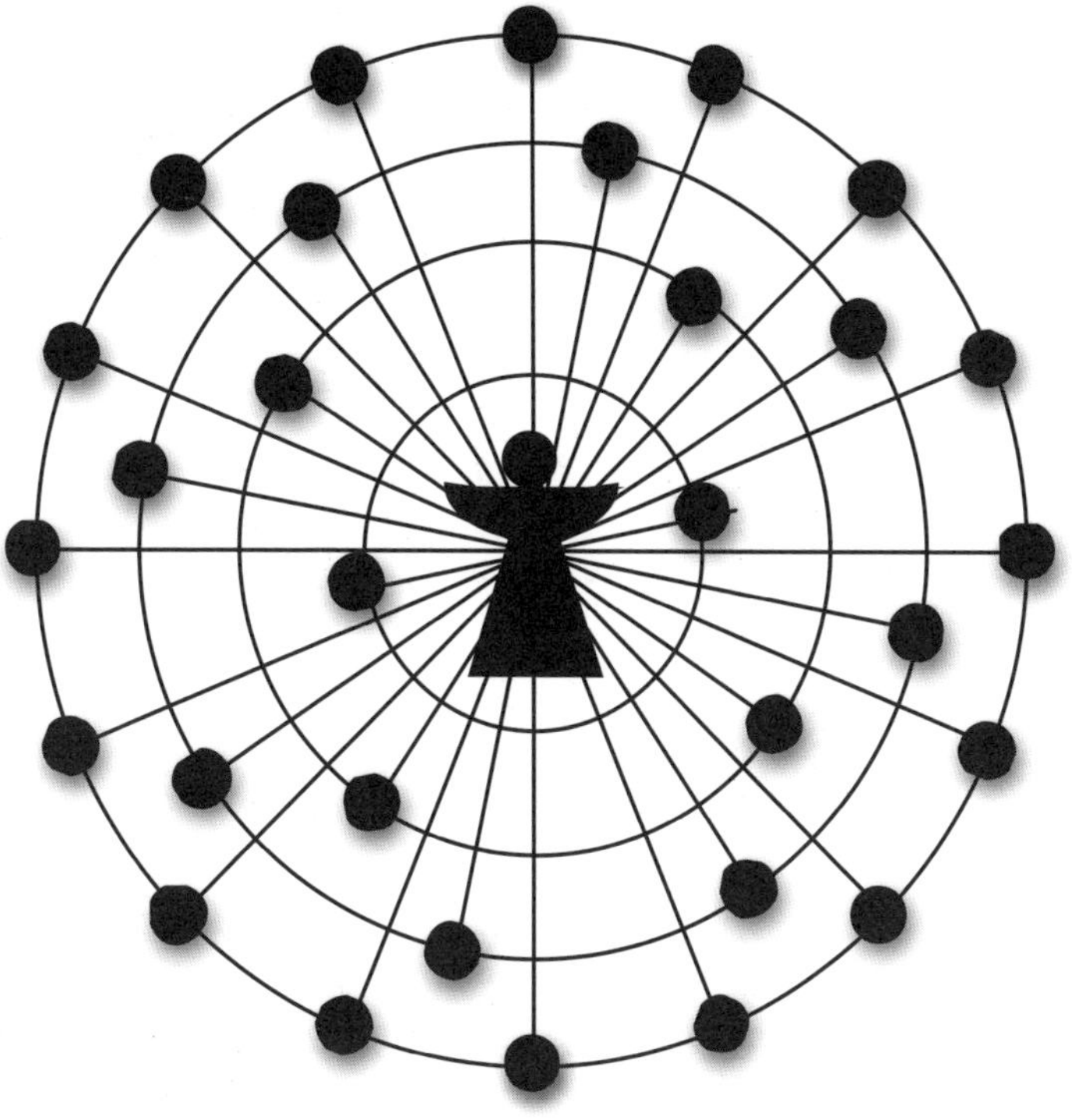

〈中心から〉

一番目の円	→	両親	2人
二番目の円	→	祖父母	4人
三番目の円	→	曾祖父母	8人
四番目の円	→	高祖父母	16人

合計　30人

Ｂ図は、あなたを中心にして、祖霊さまの四代が円としての各層となっている図です。

一番外円が上四代十六名の祖霊さまです。この図を見ますと、一代から四代までの祖霊さまが一人ひとりあなたに向かってエネルギーを送っているのがわかります。なるほど、私の師匠が「一人ひとりがあなたを守っていますよ」と言っていたことが腑に落ちます。

この円形の求心図は不思議な図です。

中心から人が生まれ、外円に向かって広がっていきます。時間の概念で言いますと、中心が未来で、外円が過去になっています。この図を見ますと、私たちの未来という時間は、過去に向かって進んでいることに気づかされます。

この図はそういった意味では大変意味深い図です。今までの人類の歩みでこの図が現れなかったことが不思議でなりません。この図がないと、祖霊さまがあなたを守っているという話を理解していただけないのです。

私たちの人生においては、いつもあなたが主役です。

あなたを中心としますと、三十名の祖霊さまが求心状に役割を担って存在しています。

この円図は、あなたの祖霊さまのマンダラです。

あなたの日々の生活においては、感謝や願いの祈りのための礼拝対象となる図でもあります。大切に扱っていただければと願っています。

ここまで来ますと、祖霊さまの存在がイメージできたことでしょう。

○次に、祖霊さまとのご縁を結び直すワークショップについて話をしましょう

この本はワークショップのためのテキストではありませんから具体的なワークショップのノウハウは紹介しておりません。

しかし、ご縁を結び直すためには方法があり、流れがあるということを知っていただくために、漠然とした話ではありますが、紹介しておきます。

〈ワークショップの二つの目的〉

一つ目の目的、三十名の祖霊さまとのご縁の結び直しの作業
二つ目の目的、祖霊さまからパワーをいただく作業

ワークショップをする目的は二つあります。

一つ目は先ほど紹介しました。祖霊さま三十名一人ひとりとあらためてご縁を結び直す作業です。これはある意味では、これまでのご縁に対する感謝するという作業になります。しかし、この作業を終えなければ次のテーマに行けないのです。そのためには、まずはやらなければならない重要な作業になります。

二つ目の目的は、ワークショップを通して、三十名の祖霊さまから今後の生きる上で必要なパワーをいただく作業です。

祖霊さまからパワーをいただく

パワーというのはエネルギーのことですから、何か物理的なエネルギーをいただくと思いがちで。しかし、ここで言う「パワーをいただく」とは、私たちの意識の領域の中にイメージとして刻み込むことを言います。

少し概念的ではありますが、意識の力を強化する上では重要な意味があります。

実は、このパワーをいただくことがワークショップの最大の目的なのです。

パワーをいただいて、そのパワーを毎日の感謝活動に活用していくというわけです。

私たちが今の自分から、より満足のいく自分へと変わるためには、毎日の感謝活動が重要となってきます。その感謝活動の際に、日々の感謝や願いの祈りは、この祖霊さまからいただいたパワーが必要となってきます。

これはイメージする力と言ってもいいでしょう。

いつも祖霊さま三十名に支えられ守られているといったイメージが本当にあなたを変えていくのです。

○これからの内容について

ここまでいかがでしたか。

祖霊さまのテーマは抽象的な概念ですので、なかなか現実的に理解することが難しい面がありま
す。もう少しお付き合いください。

これから以降は、祖霊さまについての話と、ワークショップの話、毎日の感謝活動について少し詳しく説明します。

第二章	祖霊さまってどんな人なんでしょう
第三章	祖霊さまとご縁を結び直すワークショップってどんなものだろう
第四章	毎日の感謝活動のすばらしさってなんだろう
第五章	祖霊さまに関するものはどんなことがあるのだろう

第二章は、祖霊さまの存在の秘密を解き明かします。

ここでは日頃考えたことのない祖霊さまについてご一緒に考えてみましょう。祖霊さまからの影響を考えてみますと、一度しかない人生が今までとは変わって見えてきます。

祖霊さまのしくみは、すべての人に共通する普遍的なしくみです。誰でも親がおり、その上の祖霊さまが存在します。誰でもがそのしくみでこの世に生まれてきたにもかかわらず祖霊さまの存在を深く考えた人がおりません。ここでは祖霊さまのしくみをご紹介します。祖霊さまがいかに重要かがわかっていただけるものと信じております。

第三章は、祖霊さまとのご縁の結び直しのワークショップについて説明しています。

祖霊さまとのご縁の結び直しの具体的内容の説明です。本来、ワークショップは体験して学ぶしくみです。ここでは紙面上での説明になってしまいますので、残念ながら通り一遍の説明になってしまいます。このことをご承知いただいて読み進めていただければと願っています。

そして、第四章では、ワークショップでいただいたパワーを活用して日々の感謝活動の仕方について説明しております。

これは日頃の感謝活動の実践です。

実践しか私たちの今を変える方法はありません。だからこそ、昔から何事においても「実践」の重要さが叫ばれてきました。実践活動とは、昨日の感謝と今日の願いの活動のことです。ここでは、感謝の仕方、願い事の仕方についてご紹介いたします。

最後に、第五章では、私たちの周りにある祖霊さまに関するテーマを拾ってみました。

今回の本の執筆にあたっては、おもいつくままに祖霊さまに関するテーマを拾ってみました。第二章の「祖霊さまってどんなことなんですか」で説明できなかった内容をここでは集めてご紹介します。

どうぞ、各章で説明しますテーマの意味するところをつかまれて、祖霊さまの大切さを心に深く刻み込んでください。

第二章　祖霊さまってどんな人なんでしょう

幸せの花を咲かせましょう

第二章　祖霊さまってどんな人なんでしょう

ここでは、祖霊さまについて話をします。

祖霊さまについては、「先祖」「祖先」という言い方があります。

この先祖という言い方ですと、何か宗教のようなイメージがあります。なぜなら、仏教や神道などでは「先祖供養」「祖先崇拝」という言葉があるからです。そして、今の日本での仏教や神道では日常の仕事がこれにかかわりのあることが主な仕事となっているからです。沖縄では「ユタ」という拝み屋（霊能者のような職業）がおります。多くの災いの原因はご先祖様を大切にしているかどうか、日々ご先祖様にお祈りをしているかどうかということを判定して祈りの処理をしていきます。こういったことからしますと、祖霊さまに関することは宗教ととらえられてしまいます。

この本でご紹介する祖霊さまの話や活動は宗教ではありません。運を良くするための感謝活動の元となる当たり前の作業です。

幸せの花を咲かせるには、どうしても祖霊さまとのご縁結びと日々の感謝活動が必要だからです。

この第二章では、祖霊さまに関するテーマを思いつくままに拾ってみました。日頃考えたことのないテーマだとおもいますが、大切なテーマですから、ご一緒に考えていきましょう。幸せの花を咲かせるための水まきと考えていただければ幸いです。

一、祖霊さまを知るきっかけ

祖霊さまを知るきっかけというのは、ある種の運命と呼べることです。あの時期にあの人に会っていなければ、今回のテーマにも巡り合うことができなかったはずです。ここでは見えない世界にご縁をいただいたことと、祖霊さまのしくみに出会った感動をお伝えします。

○祖霊さま感謝活動の重要性を知ったのは二十代でした

四十年前、私は法曹を志して上京しました。

二年ぐらいして、ある先生が「宮城君、お前は頭でっかちだよ。毎日難しい本ばかり読んで、それでは将来ろくな人にはなれないよ」ということで、「この世は見える世界と見えない世界があって、見える世界は一割で、見えない世界が九割なんだよ」「お前が見ているのは、たった一割だけ、お前の心や感性といったものや宗教で言う気や魂や霊といったものは見えないもの、それが九割で見える一割を支えているんだよ」その言葉には大変ショックを受けました。

〈この世を動かしているしくみ〉

見える世界が一割	→	目で見ている世界
見えない世界が九割	→	心・感性・気・霊・魂

見えない世界は信ずるか信じないかの世界。そして、理屈抜きに体験で知る世界です。

このことを知ったご縁で、神社で修行をするようになり、神前で祝詞を唱える生活が始まりました。

数カ月して、いつものように神前で祝詞を上げていると天井から多くの人の笑い声が聞こえてきました。また、ある時には祝詞を上げている私の後方から大勢の人が一緒に祝詞を上げている声が聞こえてきました。私は驚いて師匠のところに飛んで行って報告しますと「宮城君、あれは宮城君の祖霊さまですよ」「宮城君の祖霊さまが喜んでいるのです」と、祖霊さまのしくみを話してくださいました。

そのときに、師匠から、「四海皆九族」、上四代、下四代と自分を合わせて九代の祖霊さまの流れがあり、私たちは祖霊さまの三十名に守られて人生を歩んでいるという話を語っていただきました。

しかし、残念なことに、これほど重要なテーマもその後の東京での生活に埋没して忘れてしまいました。二十代での感動をもう一度取り戻したのが五十五歳になってからです。

〈四海皆九族〉

上四代	上四代	高祖父母
	上三代	曾祖父母
	上二代	祖父母
	上一代	両親
本人（あなた）		
下四代	下一代	子
	下二代	孫
	下三代	曾孫（ひまご）
	下四代	玄孫（玄孫）

※上四代と下四代、自分を含めて九族

※あなたは上四代から影響を受け、下四代まで影響を及ぼしいきます。

※広い意味での「家族」は、上四代、下四代までの九族を言います。

○祖霊さまの果たせなかった夢があなたに託されている

私が初めて祖霊さま三十名の存在を知ったときに、神社の宮司の師匠から、言われた言葉があります。「宮城君、あなたは自分の想いだけで東京に来たわけではないですよ。あなたの上の祖霊さまの中の誰かが都会に出たいとおもいながら、その夢はかなえられなかった。そのおもいがあなたに伝えられて、知らずうちに都会に旅立たせたのですよ」

私はこの話を聞いて、なるほどと納得しました。

それからというもの神前に祈りを捧げる度に、今こうして自分ががんばっているのは祖霊さまのおかげだと感じ、涙が止まりませんでした。「自分の人生は自分のためでもあるが祖霊さまのためでもある」という気持ちになったのも、これがきっかけでした。この気持ちがあったからこそ上京して、この四十年間を都会の荒波に負けずにやれたのだとしみじみと思います。

人の一生というのは、どんな職業に就くかはだいたいにおいて生まれた環境や育った環境での家族からの影響が大きいものです。そして、私たちが生まれた時代や地域の影響が次に来ます。この親からの影響こそが祖霊さまから伝えられたものであります。

幼い頃から聞かされている祖霊さまのことが知らずうちに自分の志や夢や希望となって影響を与えています。このように祖霊さまとの関係は祖霊さま三十名の人生の体験が、亡くなった後も意識エネルギーとして遺伝子を通じて私たちに伝えられていると考えられます。自分を奮い立たせる材料として理解していけば良いでしょう。

逆も言えます。

必ずしも人に誇れない祖霊さまの下で生まれてきた人もおります。幼い頃から苦労を余儀なくされた人も多いでしょう。その人は反面教師で、そこから抜け出したいというおもいで一生懸命にがんばります。こういった行為も祖霊さまの存在があったればこそというわけです。今、あなたがこの瞬間を生きているということを是としますと祖霊さまから伝えられたものからスタートしていると考えます。

○みえない世界の働きがある

祖霊さまとのご縁結び直しの行為や日々の祖霊さまへの感謝の祈りは「見えない世界がある」「見えない働きがある」ということが前提となっています。

見えないが確実に私たちの人生を支配しているしくみ、法則、原理があるという素朴な気持ちから始まっています。しかも、その素朴な気持ちはこの世に生を受けたものに与えられた直感であります。

人間は意識（意思）を持った生きものであり、意識があらゆる行動の源泉になっています。

この意識の力はこの世を創造し、あらゆる現象を生みだす力であります。この意識は人が生き抜くための「知恵」でもあります。この知恵のおかげで人類はさまざまなものを創り使うようになりました。

しかし、意識の力をはるかに凌駕する働きがあります。

人の意識だけではどうすることもできない働きです。見えない守護する働きを理解するには、どうしても「見えない働きがある」という前提に立たなければならないのです。

〈大切な言葉〉

見えない存在がある・見えない働きがある・見えない力がある

○みえない世界の存在を信じてみる

「祖霊さまが見守り支えている」という考えは、みえない世界のしくみや働きを前提にしないと意味がありません。

みえない世界はみえないから証明が難しいものであります。

昔から、神や仏や霊や魂といった話は「信じるか否か」ということになっています。信ずる人にとっては存在するし、信じない人にとっては存在しない。ただ、長い人生をやっていますと、信じないよりは信じたほうが人生は豊かで味わい深いものになるということだけは確信を持って言えます。

この宇宙は意識の大海原、人生はこの意識の力によって成り立っています。信じる気持ちが私たちの生きていく上で必要なさまざまな要因を引き寄せ、現実のものとして現象化しています。

このように、「みえない世界はあるか否か」の議論は、単に「証明ができるか否か」と言う目安でしかなく、意識のしくみの視点も見ていかなければなりません。

また、昔からみえない存在や力が働いており、それを信じて文化を築いてきてきたことを考えますと、やはり、みえない存在と力を実感して人々は受け止めてきたのではないでしょうか。

祖霊さまのしくみもみえない働きを前提としています。みえない世界の存在と力を信じてみると、一度しかない人生が今までとは変わってみえてきます。

二、祖霊さまの大切さ

祖霊さまはあなたのルーツの人であります。しかし、現存する親や祖父母を大切にする意味は解りますが、それ以上の祖霊さまを大切にするというのは考えたことがありません。

ここではさまざまな観点から祖霊さまのことを考えてみましょう。いろいろなテーマを考えることによって祖霊さまの大切さがわかってくるでしょう。

○家族や祖霊さまの存在は自分の居場所の一つ

人間は社会的動物であると言われています。

この意味は生きていく上で一人では生きていけないということを意味します。人は生まれてから死ぬまでの期間のうちで、所属する人の集まりがいろいろあります。その集まりが心の拠りどころになり、生活の拠点となって私たちを支えます。

この多くの人の集まりの中で最も重要な集まりが「家族」です。そして、広い意味では「祖霊さま三十名」の存在です。

人はこの祖霊さまや家族という絆で一生を歩んでいます。

良い意味でも悪い意味でも「家族」を断ち切ることや見捨てることはなかなか難しいものがあります。生きていく上で最も重要な、この居場所を素晴らしいものにできるか否かはあなた自身にかかっています。

この、良い家族をつくる実践こそが祖霊さま感謝活動に他なりません。

○ルーツを振り返る意義

自分の出生のルーツを探ることは重要であります。

私たちの人生の目標やなりたい姿は、多かれ少なかれ家族からの影響が大きいといえます。親から子へと伝えられるものは、目に見える財産もありますが、それ以上に重要なものは「おもい」を伝えることです。

「おもい」は、直接に口頭で伝えることもありますが、多くの場合は祖霊さまの足跡を知って、それに影響を受けるものです。ルーツと言うのは私たちの存在のアイデンティティーとなるものです。自分が自分と思う意識の発信は祖霊さまの存在ということです。自分が何者かを知り、理解し納得するのも自分のルーツです。

ルーツを知るということは同時に、自分をこの世に送り込んだ祖霊さまへの感謝を深くするために行われるものです。そして、生まれたことへの責任を自覚することでもあります。人生は限られた時間でおりなすドラマです。ルーツはドラマの始まりであるとともに終わりへの道筋でもあります。

〈大切な言葉〉

自分のルーツを知ることは、上四代三十名の祖霊さまに出会うことであります。

○親から伝わるもの

親から伝えられるものというのは、現代科学で言えば「遺伝子情報」ということです。遺伝子に刻まれて親から子へ伝えられるのは、三つあります。

まずA、肉体的形質です。容姿容貌や、声質や病気の因子がこれにあたります。

次にB、精神的形質があります。これは、私たちの「性格」に関する情報の意味です。

最後にC、運命的形質です。これは、人生における人との出会いや出来事を全て含むものであります。

祖霊さまから伝えられるものは何か、と言う問いの最も大切なテーマがこの運命的形質の情報にあります。多くの人が、自分が今こうして、人生を歩んでいるのは「自分の意思」と思っています。

しかし、祖霊さま三十名の生き様を知れば知るほど、祖霊さま一人ひとりの思いは、時間の流れの中で確実に継承されているということを痛感せざるをえません。

勝手に人生を歩んでいるのでなく、祖霊さま三十名の思いに導かれて歩んでいる、ということを知るというのが人生を後悔せずに希望を持って歩むことになります。

〈ＤＮＡに刻まれた三つの形質〉

肉体的形質	容姿容貌・声質・病気の因子
精神的形質	性格・行動傾向
運命的形質	人との出逢い・事故事件・事柄

○おもいやりの心とは祖霊さまを大切にする心のこと

人間の器、経営者の器という言葉があります。

器は「おもいやりの心の深さ」のことです。このおもいやりの心は人間の社会で最も大切なことです。中国では「仁」という漢字でその大切さを今日に伝えています。

では、このおもいやりは何に対しての心の持ちようでしょうか。

この答えは、おもいやりは、「自分の祖霊さまに対する心の状態」のことです。「祖霊さまの感謝活動がすべての人間関係の感謝活動の原点である」という言い方と同じです。祖霊さまに感謝できない人がお客様や出会うさまざまな人に対して感謝ができるはずはありません。感謝する心は人間関係を成り立たせている最も重要な行為でありますが、これはおもいやりの心の体現であります。おもいやりの心を育むには、祖霊さまへのおもいを育むしか方法はないのです。人間の器、経営者の器もその人がいかに祖霊さまを大切にしているかによって決まってくるのです。

〈大切な言葉〉

人間の器・経営者の器　↓　人をおもいやる心の深さ↓　祖霊さまをおもいやる心の深さ

○残すべきものは祖霊さまをおもう心

親から子へ何を残すべきかというテーマがあります。

これは①親が築いた組織をどう守り継承するか、②親が高齢になったときに誰が親の面倒を看るかという二つのテーマであります。

この二つのテーマは国や民族や種族や宗教の違いによって、そのしくみは個々に異なったものとなっています。

日本の精神文化は神道の物語として伝えられています。

初めて肉体を持った神様であるイザナギとイザナミの二神は高天の原ととよあし原という二つの土地を天照大神と須佐之男命の二神に残しましたが、それが姉弟の財産に対する争いの原因となりました。その反省のもとに天照大神は次に残すべきものは土地という財産ではなく、ものの見方という精神的な心がまえを鏡玉剣の三種の神器に託して、残しました。

〈三種の神器に託されたおもいとは〉

鏡（八咫鏡・やたのかがみ）	人をおもう心
玉（八尺瓊勾玉・やさかにのまがたま）	人を調和する心
剣（草那藝之大刀・くさなぎのたち）	勇気ある心

〈祖霊さまがあなたに託したおもいとは〉

親や祖霊さまをおもいやる心
家族を調和する心
勇気を持って物事に臨む心

祖霊さまのしくみで言いますと、祖霊さまから子孫へ伝えられたのは、親や祖霊さまをおもいやる心、家族を調和する心、勇気をもってものごとに臨む心、であります。

親や祖霊さまが残したものは目に見える形の財産ではありませんが、子孫の人生を豊かにし、人生に成功を治めるための最高のプレゼントになります。

○祖霊さま感謝活動はそれぞれの信仰を強くする

自分の信仰を持っている人がおります。

信仰と祖霊さま感謝運動は一見すると合わないように見えます。

なぜなら、祖霊さまを大切にして日々の祈りの対象としているからです。

しかし、祖霊さま感謝活動は世間で言う宗教とは違います。皆様が社会で名を成した人や人間的に素晴らしい人を尊敬することと似ています。しかも、自分が生まれてきた原点である祖霊さまを大切にするということですから、特定の神仏を敬うこととは目的が違っています。人には例外なくすべての方に三十名の祖霊さまがおります。生まれてきたことへの感謝する気持ちは、むしろ個々の神仏への信仰心を育むものでもあります。


逆に言いますと、祖霊さまを大切にできない人が信仰を持っても、その人は救われるはずがありません。

信仰とは、見えない存在を畏敬崇拝する心情と行為ということですから、祖霊さまも見えない存在ということで共通の土俵にあります。すべての信仰の原点が祖霊さまを大切にすることにあります。そのことに気づけば自分の信仰がより一層深く強固のものとなります。

〈大切な言葉〉

祖霊さま感謝活動は、生まれてきたことへの感謝の気持ちを忘れないために行うものです。

○日々の祖霊さま感謝活動

日々の感謝すべき対象や事柄は無限にあります。

そのほとんどが、「行為」に対してであり、「状態」に対してです。その意味では、今、生きていることに感謝する活動が必要となってきます。

祖霊さま感謝運動の原点は、自らの生存（生まれてきた）に対する感謝であります。

これを前提として日々の「行動」や「状態」に感謝することがはじまるのです。当然にそこにおいては自分を見つめ直すことも問われます。自分は本当に天の意思や祖霊さまの意思に従った行動をとっているのかどうかを問われています。

○自然災害で多くの命が失われたとき祖霊さまとの絆の大切さを知らされました

平成二十三年三月十一日、東北地方太平洋沖で大地震が発生し、死者行方不明者は一万八千四百二十八人に上りました。

この地震の後、愛するものを失ったという喪失感と助かった方々の安らぎを求める気持ちが合わさって、家族の絆、地域の絆、人の絆というものがテーマとなりました。故郷の山河や街並は大きく姿を変え、かつての人の日常の生活をすべて奪いつくしてしまいました。

こういったことが起こりますと、人というのは、生きる上で大切な本質に戻るものです。この本質とは家族の絆であり、人の絆です。誰かに会いたい、誰かと寄り添いたい、こういった気持ちが多くの人の心に芽生えました。この時に思ったことが、祖霊さまの存在でした。愛する者を失った悲しみは計り知れないものがありますが、それぞれには三十名の祖霊さまが見守り支えてくださっている、そう思ったとき、私たちの心の拠りどころは実は祖霊さまだったと気づかされたのです。

災害からの復興はそれぞれの祖霊さまに支えられて進んでいきました。

○「祖霊さま人生がんばりました」と報告して旅立っていく

私たちの人生は自分のためでもあるが祖霊さまのためでもあります。

これが祖霊さまとの関係を如実に言い表しています。だからこそ命ある限り、精一杯に生きることが求められています。「生きる」ということは、ある意味では自分に連なる祖霊さまに喜んでいただくためであり、ほめてもらうためにあります。

人生は自分一人だけで生きているのではありません。

祖霊さま三十名と共に生きている、というおもいで日々を過ごしてみる、そうしますと無性に勇気が湧いてくるものです。自分では気づかなかったことが、いつも変わらずに深い愛情で祖霊さまが見守ってくださる、この意味は大変大きいことです。毎朝の祈りの中には「今日一日祖霊さまのためにも精一杯がんばります」という意味が含まれているのです。人は時間軸の流れの中で、やがて人生の役割を終えて旅立たなければならない日がやってきます。

〈旅立つときの祖霊さまへの報告の言葉〉

「祖霊さま、私がんばったでしょう。ほめてくださいね。そろそろ皆様のもとに行きますね」

○祖霊さまとのご縁の結び直しの伝授は人としてやるべき使命

私は五十五歳のある日、天からの啓示のように、結び直しの重要性について思い浮かびました。その時の気持ちは「こんな大切なことを今までそのままにしていた」「人生のギリギリでこの大切な祖霊さま感謝活動のテーマを、私に与えて下さってありがとう」「残りの人生は、この祖霊さま感謝活動の普及にかけてみよう」というような気持ちです。

このテーマ、この役割を他の誰でもない、私に与えて下さったのです。

天に感謝し、感激の涙が止まりませんでした。それから、一日のうちに「祖霊さまとのご縁の結び直し」のためのワークショップのプログラムを書き上げ、伝える準備を整えました。

このテーマが私にしか伝えられないと思った理由は、今まで長年、学び体験してきたノウハウ（知識と知恵）はすべて祖霊さまとのご縁の結び直しに必要な材料だったからなのです。

「先祖供養」は仏教でも中心課題ですが、この祖霊さまへの感謝は、仏教的なものではなかなかイメージがつきません。「祖霊さまは神」という考えが重要です。日本では、人は亡くなった後「神上がる」という表現をします。これは「神になる」という考えです。

こういった神道的な死生観を学んできたことが、今回の祖霊さまのしくみを創り上げることに大いに役立ったということです。結び直しに必要な諸々の手法も、既存の神事の体験からくるものです。様々な世界を俯瞰できたおかげで偏りのない正しい結び直しのしくみができたというわけです。

私は九人兄弟姉妹の九番目の九月九日の九時に生まれました。この確率は奇跡的であります。まさに、この運命の生まれが私に役割を与えたと理解しております。

今回の祖霊さま感謝活動を伝える役割を天が私に授けたということを謙虚に受け止めています。

三、神仏と祖霊さまの役割の違い

祖霊さまへの感謝活動と神仏の違いを考えることは重要です。

今までは、感謝の祈りや願いの祈りは神仏に対して行うものだと多くの人が信じてきました。歴史におけるさまざまな宗教の存在理由は、そういった目的のためにありましたし、それをだれも疑いませんでした。しかし、体験として、神仏に祈っても願いが叶わないということが沢山あります。ここでは、神仏への祈りと祖霊さまへの祈りを比較してみたいと思います。そうすることによって祖霊さまのすばらしさを痛感することでしょう。

神仏を信ずる立場からしますと、私たちを救ってくれるのは神仏ということになります。しかし、よくよく考えてみますと、神仏は人を救いません。

神仏は意識をどこにおくのかというテーマです。神仏が救ってくれるという意識（気持ち）で日々を暮らすことによって、前向きに希望を捨てずに生きていけるものです。

祖霊さまは実際に私たちを救う役割を担っています。

子孫を守り、子孫へのＤＮＡの継承が生命のしくみの中に組み込まれています。一人ひとりが救われるには、その一人ひとりに対応した存在であり、しくみでなければなりません。血のつながりのしくみこそ、まさに救済のしくみと言って過言ではありません。みえない世界を信ずるとしますと、このしくみがあるからこそ、人類は脈々と種を継承できているのです。

〈大切な言葉〉

救いを神仏に求める生き方から、新たに祖霊さまと共に生きる生き方への変更です。

祖霊さまと神仏との違いは人に及ぼす役割の違いと考えた方が良いでしょう。それぞれを否定し、対立するものととらえることではありません。あくまでも役割の違いですから両方が人生にとっては必要です。

今までは「苦しい時の神頼み」という言い方がありますように、助けてくれるのは神仏と理解されてきました。人類の歴史における宗教の役割は「人を救済する」ということでありましたから当然の理解です。しかし、実際は、人類の歩みでは宗教の名の下に多くの人が犠牲にあいました。

〈大切な言葉〉

私たちの個々の救済はそれぞれの祖霊さまであると考えています。

神仏は生きる上で必要なご縁や環境を準備し与える役割であります。そのように考えますと互いの存在や役割が益々重要になってきます。

○神仏では日頃の悩みは解決できない

私は若い頃からいろいろな修行を体験し神仏とかかわってきました。

一方、神仏というのは信仰心を持っている人にとりましては絶対的な存在で、日々の悩み事を解決してくれる役割を担うものでもあります。

人類は何万年何千年の昔から神仏に救いを求めてきました。神仏の存在意義があるとしますと、それは、他ならぬ「救い」の働きにあります。しかし、その働きについては、私の結論は「神仏は人を救わない」ということです。神仏は一人ひとりの日々の悩みを解決するというよりも、私たちの生きる上で必要なインフラを選び、与えてくれる存在と考えた方が良いでしょう。人は親を選べないし、生まれてきた時代や地域も選べません。出会う人や仕事も自分で選んだものではないのです。

○神道の祖霊さまに対する考え

神道では、神と人は同じ霊性を持った存在と考えています。人が亡くなったとき、人は神になると言う意味で「神上がる」と表現します。分霊という考えと同じです。神と人は同じ霊性を持った存在という意味です。

神道では親から子への継承は霊性ですが、これは「息吹（いぶき）」によってなされます。息吹とは呼吸のことです。霊性は息吹によって親から子へと引き継がれているという考えです。神道では「上四代から影響受けている」と考えます。

上四代とは、生きている可能性のマックスです。亡くなったご祖霊さまは神上がっているということで、「神」のような存在になってしまっています。だからこそ死んだ祖霊さまは神としての役割を担う存在ということになります。亡くなった人は全てが神ですから成仏という概念はあり得ません。

○仏教各派の祖霊さまに対する考え

仏教の諸宗派は一貫して「先祖供養」を活動の重要な柱としています。

仏教には、本来的には先祖を供養するという概念はありませんでした。「祖先崇拝」というのは、日本的な考えから影響を受けたものです。

仏教では、死者の冥福を祈るための回忌法要（追善供養）があります。回向も同じです。死者を成仏させるためにいろいろ施すための一切を意味します。しかし、仏教における死とは何かが明確ではないために、死者は亡くなって後もさまよえる存在になっています。だからこそ、自らの祖霊さまを成仏させるために生きている子孫としてやるべきことをしなければならないということになります。

一周忌や三周忌の法要は、死者を成仏させるためのものと位置づけられています。

この考えだと先祖、祖霊さまが、生きている子孫を守る存在ということは、理屈として出てきません。逆に、子孫が祖霊さまを敬わなければ子孫に祟る存在、不幸を呼び込む存在に祖霊さまが変わっていきます。

なぜ子孫を守るべき存在の祖霊さまが自分の子孫に不幸を呼び込むのでしょうか。これは死者と生きている人の関係性が明確でないためであります。「死んだ人は皆成仏している存在」「死んだ瞬間に皆子孫を守る神になる」という考えでないと祖霊さまを敬うことの意味がなくなってしまいます。

〈大切な言葉〉

「先祖供養」は「先祖感謝」であって祖霊さまは供養されるものではない

そこから本当の祖霊さまを大切にする活動が始まります。

◯自分を守護する存在とは

私たちは心の底に自分を苦しみから救ってくれる存在、自分を守ってくれる存在として、「守護する存在」を求めています。

人生というのは基本的には人に頼らずに、自分の努力で切り開かなければならないものです。しかし、人生そのものを生きるための条件は、自分の意思を超えて、天から与えられたとしか言いようのない場面の連続です。

人間の歴史に宗教があり、信仰が一貫して生活の中心としてあったことは、人間自身の日々の救済を他に求めるという気持ちがあったのではないかと考えられます。「苦しいときの神頼み」と言う表現は、正に、私たちの心の深層に私たちを守護する存在を求める気持ちが隠されています。

宗教の存在意義は、この守護する存在（神仏）とは切り離せないものです。

宗教の正当な考えにとどまらず、最近のスピリチャルの考えにおいても、誰が私たちを守護するかが最大のテーマとなっています。

多くの場合は絶対的な存在であるそれぞれの信ずる神仏に帰着します。場合によっては過去世を信じる人にとっては、過去に存在した誰かが守護する存在であり人生を支えていると考えています。

しかし、私たちを守っているのは理屈的にそれぞれの三十名の祖霊さましかありえないことに気づかされます。神仏は決して一人ひとりを救済する役割を担っていないことが答えであります。

祖霊さま三十名＋一名のチームはあなたを守護する実態であります。

○祖霊さまの霊が帰っていくところは宇宙の大海原

人は、いつかは「死」という概念の世界へ旅立って行きます。

人はどこから来て、どこに去っていくのか、答えの見つからない永遠の課題であります。

日本人の信仰では祖先は山からやってくるという天（アマ）の思想と海の彼方からやってくるという海（アマ）の思想があります。

山岳に住む人にとっては山から祖霊さまはやって来て、やがては死んで後は山に帰っていくということになります。海の民は、はるかなる水平線のかなたから祖霊さまがやってきて、いずれの日か今世での役割を終えた後には水平線の彼方の世界に帰っていくと考えました。

私の祖霊さまへの考えは、祖霊さまは異次元の世界へ帰っていくと理解しています。

「祖霊さまの円図」はこのことを教えてくれています。円の中心から子孫が生まれ、やがては四代を過ぎますと宇宙の意識の大海原へと消えていきます。それまでは三十名の祖霊さまはいつも自分のそばにいるということになります。

〈祖霊さま円図〉

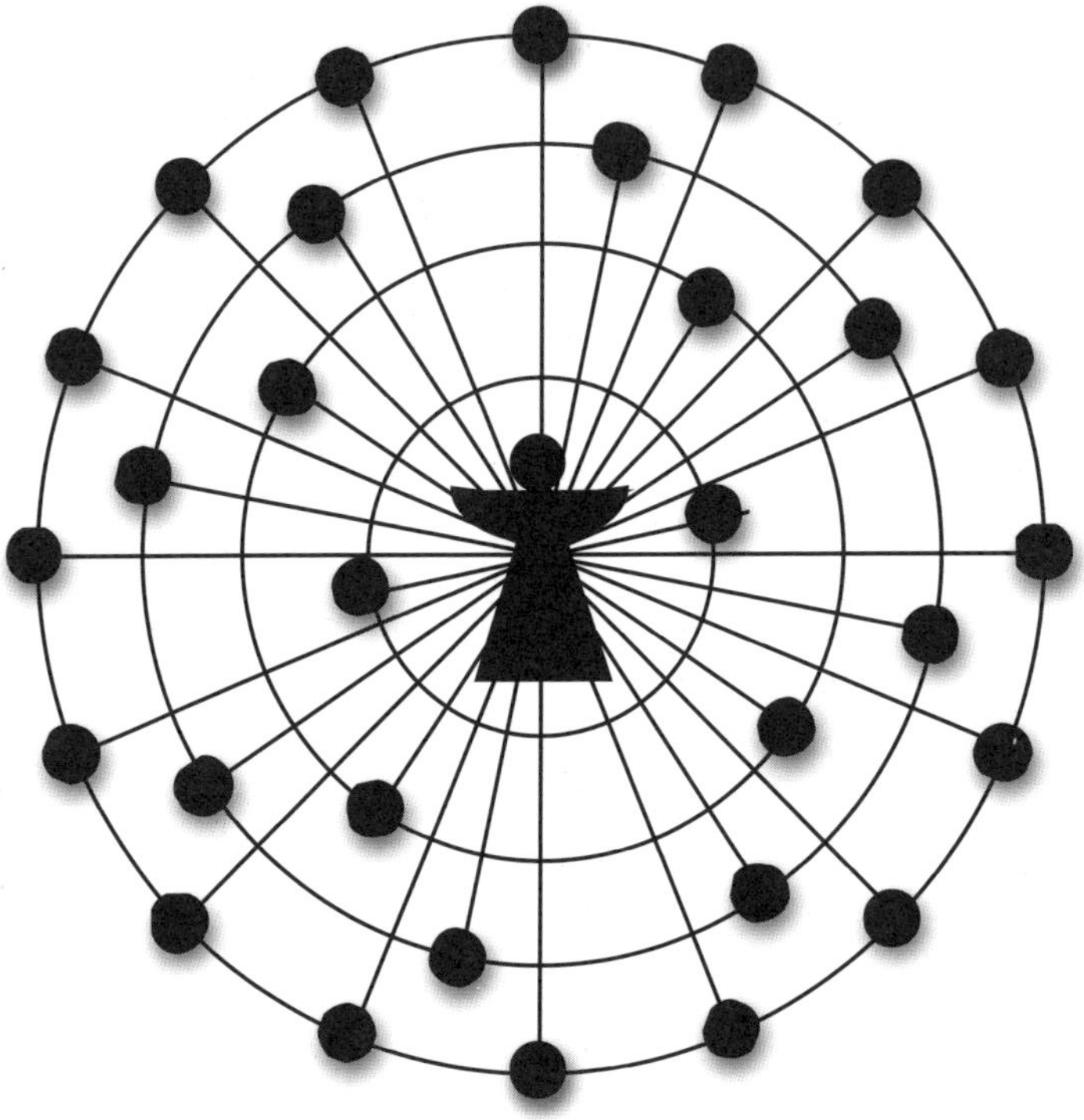

〈中心から〉

一番目の円	→	両親	2人
二番目の円	→	祖父母	4人
三番目の円	→	曾祖父母	8人
四番目の円	→	高祖父母	16人

合計　30人

○宗教で言う「親の縁より法のご縁」ということの理解

宗教における信仰の重要性を伝える言葉に「親の縁より法のご縁」があります。これは親兄弟のご縁も大切ですが、それ以上に神仏と結ばれたご縁が最も大切であるという意味です。

しかし、この考えは間違っています。

法のご縁というのは、それぞれの信仰の対象とのご縁ということですが。信仰対象とは永遠にご縁を結ばれるものではありません。ご縁は縦の流れとしての祖霊さまからしか伝わりません。親のご縁よりも法のご縁を主張するあまり、現実の親子関係を否定するということも生じています。

「神仏は人は救わない」という見えない世界の根本法理からしますと、そのご縁の元である祖霊さまのご縁を断つということは、それこそ一生を台無しにしてしまいます。現実に生きる私たちにとっては、祖霊さまと自分の家族以上に大切な存在はないのです。それに気づくか否かで良い人生になるかどうかが決まってきます。

○変性意識が祖霊さまの世界へと次元を超える

昔から私たちの意識はさまざまな階層構造から成り立っていると信じられてきました。見えない世界に通ずるには見えない世界とチャンネルを同調させる必要があるということでした。宗教における修行の意味は、自ずから意識を神仏に通ずるレベルまで能力を高めることにあります。この意識の階層構造の中で、見えない世界に通ずるレベルにあるとするのが変性意識とよばれています。

この宇宙はエネルギーの大海原、意識エネルギーの満ちあふれる世界という前提で考えますと、この宇宙の意識と同調する意識状態が「変性意識」ということです。

心の世界で「変性意識」を重視するのは、この意識こそが時空の壁を突き破り、見えない世界とされている世界の情報を取ることができるからです。

祖霊さまの世界は私たちと同じ世界ではありません。異次元の世界です。ですから異なる世界の情報はそのままの状態で取ることも理解することもできないものです。変性意識の状態では、あなたを見守り支えているという気持ちがエネルギーの同調になり、祖霊さまの存在が同じ波長の世界に現れるのです。

〈大切な言葉〉

変性意識が時空の壁を越える

○宗教活動と祖霊さま感謝活動の違い

宗教行為とは、畏敬崇拝する存在を前提として、この世にあるあらゆる出来事を与えてくださっている神仏への感謝活動です。祖霊さま感謝活動も祖霊さまへの見守り支えてくださっていることへの感謝活動です。感謝する心という意味では同じですが、自分へのつながりという意味では祖霊さまは特別のものであると言えます。

神仏の役割は何でしょうか。

答えは、私たちが生きる上で必要な人生のインフラを与えてくださる存在です。

私はよく「神仏は人を救わない」という言い方をします。

決して神仏の存在を否定しているわけではありません。神仏は人のご縁をつくり、つなぐ役割を担い、私たちの人生に必要なさまざまなインフラを与えてくれます。生まれに関するさまざまなご縁、出来事へのご縁です。この神仏の役割に対しては、ひたすら感謝の気持ちを伝えるしかありません。ですから、神社仏閣へは、生かされて生きていることへの日頃の感謝を伝えるために礼拝が必要となります。

祖霊さまは私たちの日頃の生活と直結した役割を演じています。

私たちの毎日はお願いごとへの祈りと、その行為に対する感謝の連続です。この行為は日々欠かしてはならないものです。この祖霊さまへのおもいが強ければ強いほど運が味方し、願いが叶うことになります。

信仰をもって生きることと祖霊さま感謝活動は共に重要となります。

○身体（肉体）は祖霊さまの情報を運んでいる

祖霊さまから子孫に何が伝えられたかを知ることは、私たちが確認できる「身体」を通じてしかできません。この身体は祖霊さまからのさまざまな情報を運ぶ情報ツールになっています。祖霊さまからの情報はＤＮＡ遺伝子によって伝えられています。

遺伝子によって伝えられた情報は三つあります。

一つは肉体的形式です。容姿容貌や声質や病因がこれにあたります。二つには精神的形質です。これは、行動態様を決定する性格についての情報です。三つには、運命的形質です。人生における人との出会いや事故事件の情報です。

祖霊さまとの関係を考えてみますと、第四の情報と言うものがあることに気づきます。それは祖霊さま三十名の「おもい」の情報です。

「自分の人生は自分のためであるが祖霊さまのためでもある」という言い方がありますが、これは「おもい」を前提とした考えであります。意識のエネルギーが宇宙に満ち溢れていることを考えますと、この「おもい」も身体を通じて運ばれていることになります。

○肉体は魂の乗り物

宗教は肉体と魂と言う二つの概念であらゆることを考えています。仏教では「肉体（身体）は魂の乗り物」という言い方で両者の関係を説明しています。神道系のある宗派では「霊主体従」という言い方で、体は霊を宿す器と考えています。宗教は魂や霊を最も価値の高いものと位置づけていますが、同時に身体も大切にしています。「健全な体に健全な魂が宿る」という言い方も同じ考えです。魂の乗り物である肉体（身体）が病になっては、魂も正常な働きをしないという考えです。ですから、戦後いち早く、農薬や添加物の害を訴えたのは宗教団体でした。

霊や魂というのは、見えない概念です。

ですから私たちはなかなかその存在を確認し、信ずることができません。あると思っている人にとってはあるし、ないと思っている人にとってはありません。見えない世界の存在は、信ずるか否かで見方が分れてしまいます。

しかし、今の「情報の世界」からは、霊や魂も一つの情報だと考えますと、何らかの情報が存在していることは、容易に理解できます。祖霊さまから与えられたものは何かということを考えるときには、身体だけではなく、霊や魂といった見えない情報を考えることが必要になります。そのためにも祖霊さまから伝えられた「身体」は重要となっています。

〈大事な言葉〉

「肉体は魂の乗り物」・「霊主体従」・「肉体は魂の衣」

○日本人の祖霊さまの考え

上四代から守られている。

日本は親から子への縦の流れでいろいろなものを継承されていくという考えです。

日本では、そのために祖霊さまを大切にするということが前提になった信仰体系となっています。

ただそれぞれの信仰によって祖霊さまの位置づけが異なります。

仏教では亡くなってしまっても成仏の問題が永遠につきまといます。亡くなった後に成仏するためには、その本人だけでなく子孫にもその課題が担わされています。ここにおいては、祖霊さまが子孫を守るという考えは弱くなっています。

一方、神道の考えでは、人は死んでしまうと「神になる」ということになり、成仏するか否かは問題になりません。「神上がる」は亡くなった後は神という存在であり、神の役割を担うということを意味します。祖霊さま感謝運動の原点は、ある意味では日本の神道の考えに根差しています。そして、それは理屈でなく日々の実践にあります。

今までの宗教の先祖供養の誤りを正していく必要があります。同時に祖霊さま三十名と歩む人生の素晴らしさに気づいてもらうことが必要です。

○輪廻転生は「想い」の継承

仏教をはじめ、「人は生まれ変わる」という輪廻転生を認める信仰は多い。

しかし、祖霊さまとのご縁の結び直しにおける三十名のしくみからは、人は輪廻転生をすることはありえません。

輪廻転生という概念は肉体と魂を前提としたものであります。死して再び肉体をもって生まれ変わるという考えです。生まれ変わった先は今世であるかもしれないし来世かも知れないと。人は今、自分の存在を認める意思や意識の永続性を求めてしまいますと、それは輪廻転生に希望を託してしまいます。

「死は祖霊さまになる」という意味ですと、その後は祖霊さまとして子孫の幸福のために役割を果たせばよいということになります。祖霊さまの原理では、輪廻転生は祖霊さまとなって下四代まで守護する役割として存在し続けることを意味します。

四、悩んだときは祖霊さまに問いかけてみる

「悩んだ時の祖霊さま頼り」

そうです。あなたの人生の願い事や悩み事の解決はすべて祖霊さまの仕事です。

実は、毎日の感謝活動は願い事の連続です。願っては、それがどのように処理し解決されていくのかを確認して次に進むということです。ただ、祖霊さまへの願いは単なる棚からぼたもち的なものではありません。この願いの行為は、実現に向けての「決意の宣言」です。

ですから、当然に自分でやるべき可能性は徹底的に行うことが求められてきます。「人事を尽くして祖霊さまの解決を待つ」という言い方は、あなた自身の解決への姿勢と努力を求められています。

祖霊さまはあなたの良き相談相手でもあります。

第二の自分と呼んでもいいでしょう。いろいろなことを知り尽くした最強の相談相手であり協力者です。祖霊さま三十名＋自分一名の三十一名が人生を歩む上のチームというのはそういう意味です。

〈**大切な言葉**〉

「人事を尽くして祖霊さまの解決を待つ」

○あなたが人生で悩んだときは祖霊さまに問いかけてみる

人生はいろいろな事柄が未来からどんどん現れてはそれに対する対応を余儀なくされます。今は平和な時代に私たちは生きていますから、人生を歩んでいくのはさほど辛いものではありません。

しかし、よくよく考えますと、いろいろな人間関係の葛藤にさいなまれたり、人生の進路の決定で悩まされています。人間というのは強い生き物のように見えて、実は誰かがそばにいないと生きていけないような弱い存在であります。人生のさまざまな事柄で悩んだとき、人は一人で悩むことになります。一人で悩みに立ち向かい、一人で解決しないといけないという気持ちが余計に不安にしてしまいます。こういったときには、相談できる人がいれば、その人に心の内を打ち明けてみるのも良いでしょう。しかし、日々のことを他人に相談することは意外と面倒なことであります。

その時こそ、祖霊さまの出番です。

苦しいときこそ祖霊さまの存在理由があります。

苦しいこととは自分の願いが叶っていないということでもありますから、祖霊さまに胸の内を聞いてもらうことです。独り言のように祖霊さまに語りかけてみる、それはそのまま解決への第一歩となります。祖霊さまの活用はそういった場面にこそあるのです。

〈大切な言葉〉

祖霊さまは、あなたの最強の相談者です。

○楽しいときも辛いときも祖霊さまは見守っています

楽しいときも辛いときも祖霊さまはあなたを見守っています。

それが祖霊さまの役割だからです。

それは三十名の祖霊さまの中の誰か一人ということではありません。三十名がそれぞれ個々にあなたを見守っています。しかもそれは昼夜を問わず、季節を問わずに見守っています。

祖霊さまは厳密の意味では私たちのように肉体を持った存在ではありません。

祖霊さまはあなたと一緒に笑い、あなたと一緒に悲しんでいます。それはあたかもカガミに映った自分の姿のようです。祖霊さまは直接に語り掛けることはありませんが、あなたが意識しているか否かとは関係なしに、あなたを見守り、温かく包み込んでいます。

あなたが思いさえすれば、そのおもいはそのまま祖霊さまに通ずるのです。いつも見守っている、それだけであなたは勇気をもって歩むことができることでしょう。
だからこそ、毎日笑顔で暮らすことが大事です。祖霊さまに喜んでもらえるには、何をどのようにすれば良いのか、それを考えて生きていくということです。

〈大切な言葉〉

祖霊さまは、いつもあなたを見守っています。

○成功した人は皆祖霊さまを大切にした人だった

「成功した人は皆祖霊さまを大切にした人だった」という言い方があります。
「成功した人」とは漠然としていますので、一般的には「ビジネスである程度の会社とした経営者」ということに置き換えてみましょう。そうしますと「成功した経営者は皆祖霊さまの大切さを知った人だった」という結論にたどり着きます。

私たちの周りには両親や兄弟姉妹と争っている経営者も多くみられます。その人は一見すると成功者に見えますが、長い時間の評価でみますと、その人の亡き後はいずれその家族は滅びる運命が待っています。

なぜそういう結末を迎えるのでしょうか。

それはその経営者が両親や兄弟姉妹とのご縁の真理がわかっていなかったからです。祖霊さまをおもいやる心、兄弟姉妹をおもいやる心を忘れてしまったために争いが生じ、互いに恨み憎しみ合うことになってしまったのでした。恨みや憎しみの元となる争いは、すべて財産や金から生じた問題です。地位や金に関わって生じたものです。

人は自分でも知らず間に欲望の渦の中で生活しています。

人生で大切にすべきものが何であるかという原点に立ち還らずには家族の争いは終わりません。祖霊さまをおもいやる心、家族をおもいやる心、人をおもいやる心、この心を経営者は次の世代に伝えていかなければならないということであります。

「成功した人は皆祖霊さまを大切にした人だった」

○祖霊さまを大切にする人には幸運がやってくる

これは当然の真理です。

祖霊さまを大切にする人は、祖霊さまはその気持ちに比例して、あなたを守護することになります。祖霊さまは理屈的にはどんな子孫でも救うという役割を担っていますが、現実的には祖霊さまへのおもいの強い人の気持ちが祖霊さまに届くことになります。日々の祈りの実践はあなたの祖霊さまへの前でのおもいの強化を目的としています。

〈大切な言葉〉

昔から自分の祖霊さまを大切にした人が成功を治めるという言い方があります。

それは祖霊さまをおもいやる心は、人をおもいやる心と同じだからです。両親や家族を大切にする人は、きっと人からも信頼されるに違いありません。

人間力という言い方があります。器という言い方もあります。

人間の器、経営者の器というようなことです。

実は、この人間力や器というのは人が身につけなければならない「おもいやりの心」のことを言います。自分を磨くという言い方と同じです。人をおもいやる心を強化するという意味です。

このおもいやる心の強化は祖霊さまを大切にすることによって身につくものであります。親孝行は昔から美徳とされてきましたが、それは人をおもいやる実践の姿だからです。祖霊さまへの行為は無私の愛です。親に見返りを求めることはありません。子孫にも同様に見返りを求めることもありません。ひたすらこの世に生を受けたことへの感謝を深め、できることをいとわずに行っていく、この姿に幸運が宿るのです。

○祖霊さまはあなただけの専属解決請負人

祖霊さまは、あなたを守る守護的役割の存在です。

信仰を持った方々の理解は、神仏が自分を守るという考えでしたが、実際は神仏はあなたを守ってはくれません。

よくよく生命のしくみを見てみますと、あなたを守っているのはあなたの上四代三十名の祖霊さまということが解ってきました。この上四代三十名の祖霊さまは、あなたとの関係はさしずめ専属のトラブル処理を担う存在、いろいろな災難からあなたを守るＳＰのような存在です。しかも、その専属の存在である祖霊さまは、あなたの未来を予見して、あなたの未来に良い処理をしてくれます。

祖霊さまを信じ、身を任せさえすれば、勝手に良い方向に人生を導いてくれる有り難い存在です。

○祖霊さま三十名がミロク（救世者）として支えている

人類が信じ継承してきた宗教は「神仏が人を救う」という信仰から成り立っています。

生命を継承するということは、この自然界の中では決して容易なことではありません。古代の人々が宗教へ傾倒した要因が、さまざまな病気から命を守ることであり、飢えから解放されることでありました。

この二つの状況では人類は神仏に頼ったのでした。

宗教心は「未来は必ず幸せになる」というプラス思考から成り立っています。

自分の力で解決できることであれば自力でやればよいのですが、しかし、生きる上に起ることとは自分の力を越えて発生し、その人を飲み込んでいきます。だからこそ、人類は他力的に救済する対象を想定し、期待し、身を委ねていきました。

しかし、宗教でいう神仏は、人を救う存在ではないことを現実の生活の中で否応なしに知らされます。本当の救済する存在は、祖霊さまそのものであると気づくのです。

〈大切な言葉〉

人間は、今日が辛くても、きっと明日は良いことがあると思って生きている

○祖霊さまが必ず救ってくれるという気持ちになる

人生は、日々いろいろな事の連続です。

楽しいことも辛いことも未来から次から次へと波のように押し寄せてきます。

苦しいときや辛いときは、その胸の内を誰かに聞いてもらいたいと思うものです。そして何を成すべきかの助言を欲しくなります。

しかし、現実の生活では、心から相談できる相手はなかなかいないものです。

実はこのときこそ、あなたの祖霊さま三十名の出番です。

自分の今の置かれている状況を正直に告げて、救いを求める存在が三十名の祖霊さまです。あなたが祖霊さまをイメージさえすれば、いつでもあなたのために動いてくれます。ここでは信じる心の強さが求められています。

○苦しいときには祖霊さまに問いかけてみる

人生には、何度も岐路に立たされる場面があります。岐路に立つとは、未来に向かう分かれ道の真ん中に立たされるということです。この時には、どうしても、どこに進むかの判断、選択、決定を求められます。その時のあなたのやるべきことは、自分の祖霊さまに問いかけることです。

私はこの十年ぐらいの人生では、自分の前に横たわるテーマに対して、「はたしてこの道は正しいことなのか」を自問自答することがありました。その自問自答は神仏に対してではなく、自分の上四代三十名の祖霊さまに対してであります。

「本当に今の選択が正しいのか」「やっていいのか」という問いかけです。心の中での問いかけは祖霊さまに通じます。自分の心に、前に進む決意が明確になれば、迷わずにその道を歩んでいくということです。

○祖霊さまは自分のそばにいて自分と共に存在する

祖霊さまは一般的理解のように「存在」するものでしょうか。

神仏は居場所のイメージがあります。それは人間が自分と同じように神仏を位置づけたいというおもいが神仏を人間社会の存在に当てはめてしまうことになっています。

よくよく考えてみますと人間という存在も突き詰めていけばエネルギーの化身であります。このエネルギーとしての存在が人の想念のままに「神」という名を与えられ、人間のそれぞれに必要な形で登場してきたのでした。

この宇宙がエネルギーの大海原だとしますと、小宇宙の人間もエネルギーが姿を変えて実態となって現れます。宗教の神々ほど人間くさいものは他にはありません。神に人間の姿を与えたのはほかならぬ人間の仕業だからです。

祖霊さまとのご縁の結び直しの考えでは、祖霊さまはエネルギーを持った存在として見える姿から肉体を解き放されて、私たちのそばに共に存在しています。このような存在は、別の表現をしますと、異次元の世界の存在ということでありましょうか。異次元にエネルギー体として存在するからこそ、私たちを守るということを自在に行うことができるのです。

○祖霊さまは「いる」と思った方が人生楽しくなる

「祖霊さまは本当にいるのですか」という質問を受けます。科学的に存在するか否かということに関しては、なかなか証明が難しいものです。これは宗教における「神は存在しますか」という質問に似ています。

なぜこの質問に意味があるのでしょうか。

実は、「いない」と思って人生を歩むのと、「いる」と思って歩むとでは、人生を生きる上で見えてくる世界が大きく異なってくるからです。

「そんなものはいない」としますと、すべての人生のテーマはあなたの意思にかかっているということになります。そして自分自身の存在の意義を単に自分の夢や願いの実現のためということになってしまいます。

私たちが祖霊さまを信ずるのは、人生においては辛いことや苦しいことが沢山あり、それを乗り越える理由の一つが祖霊さまの存在だからです。

すなわち、神仏もそうですし、祖霊さまも私たちが希望をもって歩むための心の支えとなるものです。いつも三十名の祖霊さまが見守ってくださっている、この気持ちがモチベーションを高め、辛さや苦しさを乗り越えるエネルギーになるのです。

〈大切な言葉〉

祖霊さまは「いる」と思った方が人生楽しくなる

○この人生は自分のためでもあるが祖霊さまのためでもある

自分の人生は自分のために与えられたものというのは当たり前のことであります。人生は時間の流れの中で展開されますが、これはあたかもテレビや映画のドラマのようです。人生では自分が主役で自分以外の人は全て脇役です。一度しかない人生を悔いなく生きたいと思うからこそ試行錯誤してしまうのです。

ところが祖霊さまと共に人生を歩んでいくということになっていますと、人生は単に自分だけの人生というわけにはいきません。

あなたが笑う姿が祖霊さまの笑う姿です。

あなたが悔いない人生を歩むということは、あなたを支える祖霊さまにとっても十分に役割を果たしたことになります。

祖霊さま三十名は今のあなたを支えるために存在し、あなたが未来のある時期に祖霊さまの一員になった途端に上四代十六名の祖霊さまは役割を終えて、宇宙のエネルギーの大海原に吸収され消えていきます。

この世は自分一人で生きているのではありません。

自分のさまざまな行為はそのまま祖霊さまへのおもいへと昇華していきます。人生は祖霊さまのためにも頑張っているということです。

第三章

幸せの花を咲かせましょう
祖霊さまとご縁結び直しのワークショップって
どんなものでしょう

第三章　祖霊さまとご縁を結び直しのワークショップってどんなものでしょう

ワークショップは本来、体験をするというセミナーです。

ですから、ワークショップで伝える内容は本の活字になじみません。本だけを読んで祖霊さまとのご縁の結び直しができるとは私も思っておりません。

ただ、このワークショップの話を通じて、祖霊さまの存在に気づいていただき、その大切さを知っていただければ、少しはあなたの幸せの花の開花に役立つのではないかと思っています。

あなたにお願いがあります。

この第三章では、あなたのイメージを大いに膨らませてみてください。

祖霊さまに出会うための旅の始まりです。

実際のワークショップでは、あなたの意識のトビラをあけるトレーニングを加えています。

愛する祖霊さまは、あなたのいる時空から消え去った存在ではなく、あなたが会いたいと思えばいつでも会える存在であります。ワークショップに参加して体験をするというのは、こういった感覚を味わうためでもあります。

一、ワークショップを受けた方の感想

ワークショップを受けられた方からいろいろな感想をいただいております。

この感想は、体験でしか得られない内容になっています。祖霊さまに出会う旅と言いましたが、まさに祖霊さまと出会い、ご縁を結び直した感謝のご報告になっています。

〈参加いただいた方のご感想〉

①両親のことを思って涙が止まりませんでした。
②祖霊さまの作業中に感動して涙が止まりませんでした。
③あっという間の時間で人生で初めての感動の体験でした。
④あらためて両親がしてくれたことに深く感動できました。
⑤ワークショップ中の期間にさっそく良いことが次から次へと起こりました。
⑥願い方が少しわかってきたような気がして楽しくなりました。
⑦祖霊さまを振り返っていると、理由もなく涙が出てきて止まりませんでした。
⑧本当にこういったワークショップに参加させていただき感謝です。
⑨祖霊さま三十名に守られた今後の人生が楽しみです。
⑩長年のトラブルが一瞬に解決しました。
⑪祖霊さまに祈っていましたら体調が良くなってきました。

祖霊さまの円図

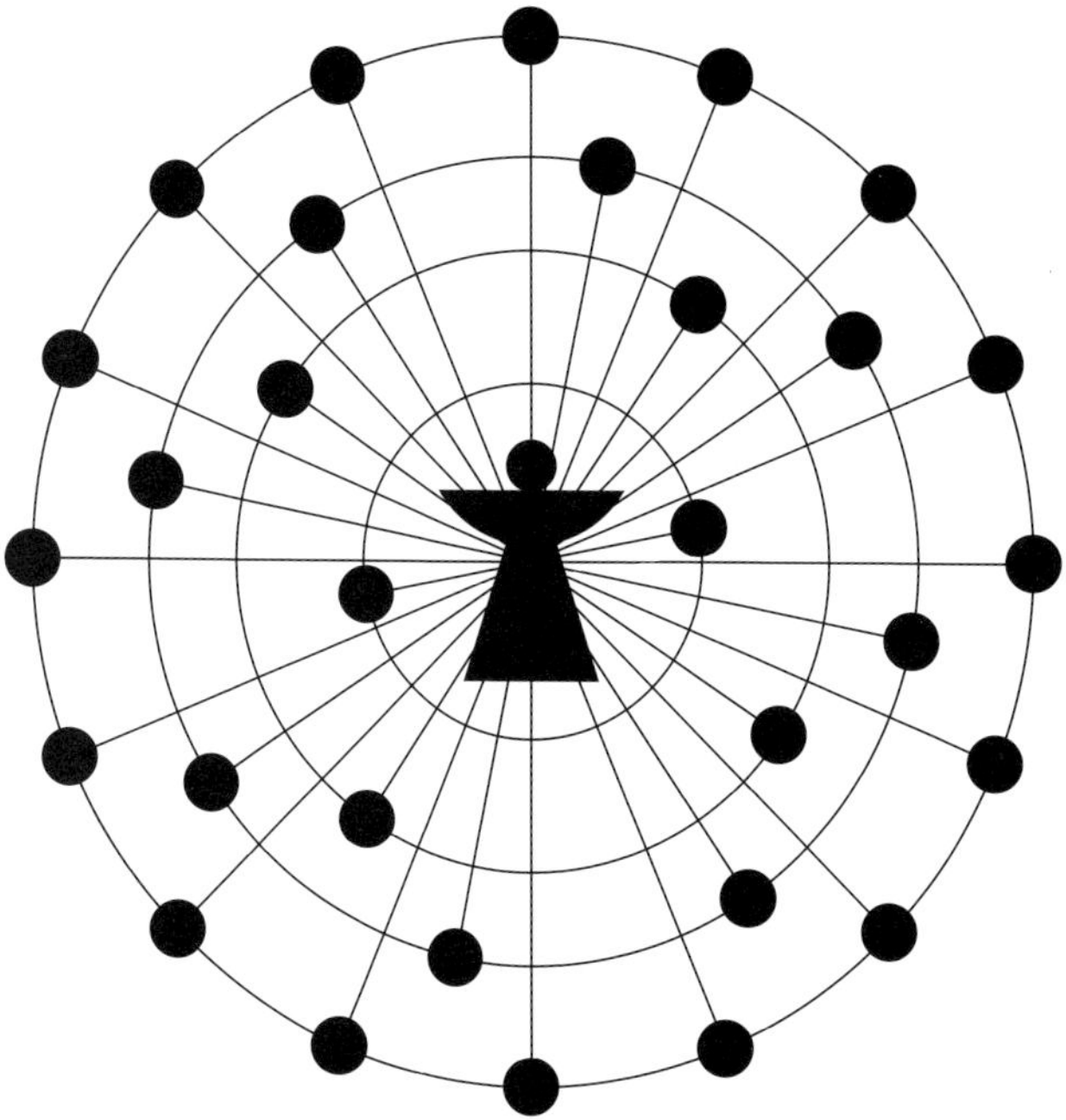

〈中心から〉

一番目の円	→	両親	02 人
二番目の円	→	祖父母	04 人
三番目の円	→	曾祖父母	08 人
四番目の円	→	高祖父母	16 人

合計　30 人

30名の祖霊さま図

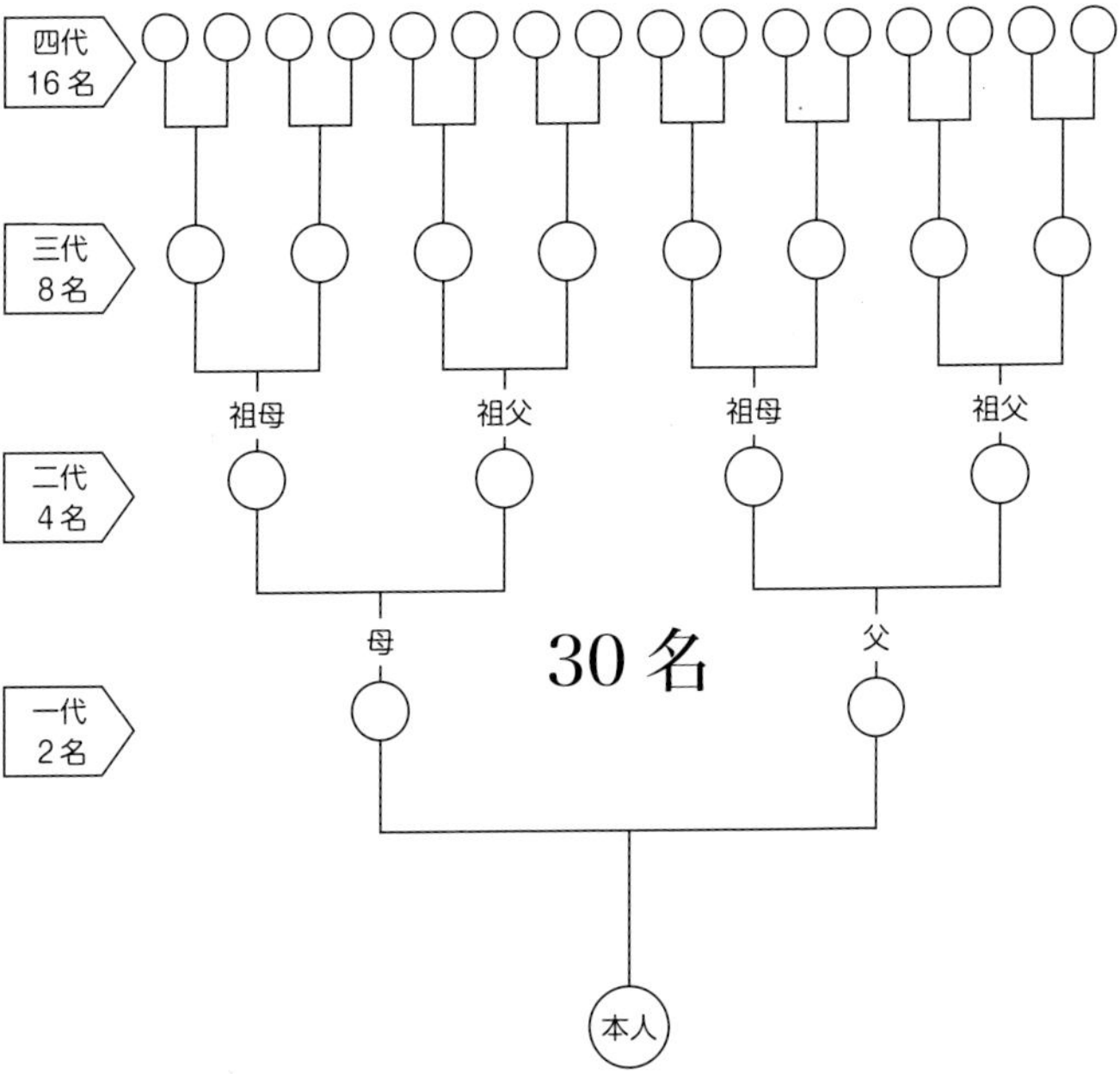

あなたの人生は、
上四代にさかのぼる30名の祖霊さまから、
いろいろなものが伝えられ影響を受けています。

○祖霊さまとのご縁の結び直しの作業

祖霊さまとのご縁を大切にする気持ちは特別の行為を必要とするものではありません。しかし、多くの人が事の重大さに気づかずに幻の人生を歩んでいます。だからこそ、生きる原点である祖霊さまの存在を正しく意識の深層に結び直す作業が必要となるのです。そういった目的もあって皆様にはワークショップの特別のオリエンテーションに参加いただいております。

オリエンテーションは祖霊さまとご縁結びをする準備の時間です。

そのあとは、それぞれの自宅で三十日の実践が始まり、それが完了した時、あなたは新しい自分に生まれ変わることになります。

○ワークショップと日々の感謝活動の流れ

スタート

オリエンテーション	祖霊さまの説明・三十日のやり方
三十日間自宅ワークショップ	自宅での三十日の結び直し
修了式・心得の伝授	今後の心がまえ・感謝ノートの書き方
毎日の感謝活動	毎日の感謝と願いの祈り
毎月の祖霊祭への参加	感謝の報告・パワーの充電
毎日の生活の仕方	さまざまな感謝活動の実践

○祖霊さまに関する二つの作業

祖霊さまに関する作業は二つあります。

一つ目は、祖霊さまとのご縁をあらためて結び直す作業
二つ目は、祖霊さまからパワーをもらう作業

一つ目は、祖霊さまとのご縁をあらためて結び直す作業です。

これはワークショップで行います。ワークショップが終了するということは、祖霊さまと新たなご縁を結び直されたことを意味します。基本的にはこの作業は人生で一度きりです。

二つ目は、祖霊さまからパワーをもらう作業です。

パワーをもらうとは、「祖霊さまがいつも自分を見守り支えてくださる」という気持ちをいただくということです。パワーをいただくことは、それに守られているという意識を持つということです。

この意識を強固にしますと日々の様々な問題の解決の場面で良い運が舞い込んできます。自分の祖霊さまへの確信が自分の意思の力、意識の力を強くして、現実の困難を乗り越え解決していくということです。

○結び直しのワークショップで人生が変わる

若い頃、人のご縁で神社で修行をする機会をいただきました。今までは見えない世界を信じないという生き方でしたから、この修行体験は正に目からうろこでした。

この修行の重要な組み立ては、ひたすら祝詞と真言を大声で唱えるというものでした。初めての体験ではその意味が解りませんでしたが、何回か修行に参加して、その重要性に気づくことになりました。

人というのは面白いもので地位や名誉などの肩書が増えますと他者からどう見られるかを気にするようになります。声を出すように指示されても、みっともない出し方を嫌います。修行のめざすことは一心不乱に他者の目を意識せずに自分を見つめることに集中することにあります。ところが捉われやこだわりや執着するものがありますと、自分をとことん追い込むことができません。いつまでたっても自分の「自我の壁」が取れないということになります。

逆に言えば、一心不乱に取り組んだ人は、その瞬間にその人は何かを悟った状態を手に入れることになります。「人生が変わった」と思った瞬間です。


ご縁結び直しも同じです。

一心に上四代三十名に向き合いご縁の糸をたぐりよせていきますと、ある一線で理屈抜きに涙が出てきます。涙というのは感情の沸騰点です。何かを受け入れた瞬間です。受け入れたものとは祖霊さまの存在です。祖霊さまに見守られ、支えられてきた人生だったと知らされるのです。このときあなたの人生が変わっていくのです。

○結び直しには三つの作業がある

結び直しのワークショップの主たる作業は「書く」という作業です。

この書く作業はAからCの三つから成り立っています。

A、祖霊さまの人柄やエピソードを思い出して書き出す作業
B、祖霊さまとのさまざまな思い出、やってくれたことへの感謝を思い出す作業
C、生んでくれたことへの感謝の気持ちと今後のお願をする作業

AとBの作業では、上一代の両親や上二代の祖父母については、その人柄や共に生活してきた中でのエピソードがあり、書く情報も沢山あります。一つひとつ思い出すことによって結び直しのご縁が出来てきます。しかし、上三代八名から上四代十六名の方は、記憶のない祖霊さまで情報が全くありません。上一代から上四代に共通して書ける項目は、Cの生んでくれたことへの感謝の気持ちや見守ってくれたことへの御礼であります。このCの作業は「祖霊さまのパワーを私に下さい」というお願いでありますので、今後の日々の実践を行うための準備として大変重要です。

基本的にはこの三つの作業を行いますが、上三代、上四代は感謝とお願いで終わってしまいます。それは仕方がないことです。書く作業というのは書く対象と向き合い、その人のことを深く考えることであります。多くのご縁の中で、なぜその人とご縁をいただいたかを再認識するという作業です。この振り返って書き留める作業は一生に一度です。だからこそ、この作業を終えたときに、あ

なたは新しい人生が始まるのです。

○結び直しの作業は「母」から始める

ご縁結び直しのワークショップは、三十名の祖霊さまを一人ひとりおもいやり、今日にいろいろなものを伝えてくださっていることへの感謝の気持ちを伝える作業です。

その作業は母から始めます。

なぜでしょうか。

言うまでもなくあなたが、今、存在しているのは母のおかげです。

母親というのは、あなたがある程度一人立ちできるまで乳を与え愛情を注ぎこみ、守ってくれる唯一の存在です。子供にとっては母の存在が生きるすべてです。母親の方も子供に対するおもいは人一倍強いものがあります。母と子は一心同体です、母の愛情が深ければ深いほど、人をおもいやる心が育まれていきます。私たちの思い出の大半は母との思い出です。感謝の作業は母への思い出をふりかえり整理する作業でもあります。この世に生まれてきた原点が母の存在です。私たちが歩んできた過程でいかに母の存在が大きかったかということです。

ただ、逆に影響が大きいだけに、母と子の葛藤も深いものがあります。母との辛い思い出を持っている人は、この壁を乗り越えるために辛い作業が求められています。この祖霊さまとのワークショップがあなたを開放する役割を担うことでしょう。

〈大切な言葉〉

この世に生まれてきた原点が母の存在です。

二、三十名の祖霊さまとのご縁の結び直し

あなたには三十名の祖霊さまがいます。

親から生まれたことは当たり前に思っていただけに、よくよく考えてみますと大変なことであります。あなたという一人の人間をこの世に送り出すには上四代三十名の祖霊さまのドラマがあります。

祖霊さまから伝えられたのは、遺伝子に刻まれた肉体的な形質や精神的な形質は当然として、さまざまな「おもい」までも情報として伝えられています。

この祖霊さまとの関係を当たり前の関係のままにして良いのでしょうか。

ご縁というのはあなたの意識の中で結ばれ維持されていきます。せっかくいただいた祖霊さまからのご縁をもう一度、意識の力によって強固なものにしていく、これがあなたが今やらなければならないテーマです。ここでは三十名の祖霊さまとのご縁の結び直しの実際を紹介します。

○祖霊さまは亡くなった方々だけを呼称したものではありません

一般的な理解では「祖霊＝亡くなった方」ということになります。

では上四代三十名の祖霊さまはお亡くなりになった先祖のことでしょうか。祖霊さま感謝活動で大切にしている方は、実は、現存する父母を含めて「祖霊さま」と呼ぶことにしています。祖霊さまとご縁の結び直しのワークショップのときに「私の母はまだ生きていますが祖霊さまですか」という質問があります。

ここでは、生きている人も含めて祖霊さまと呼ばせていただいております。

祖霊でいう「霊」というのは宇宙を成り立たせている「エネルギー」のことを言います。このエネルギーは物質に作用し精神（意識）にも作用します。霊的な世界の言い方をしますと、私たちが認識しているあらゆる霊は、エネルギーのさまざまな形を変えた実態であります。人は生きているときは身体も精神も霊的存在ですが、死んで肉体が失われても変わらずにエネルギーとして存在し続けています。エネルギーとしての存在だからこそ、さまざまな現象に作用することできるのです。

○あなたを守護する祖霊さまが三十名いる

「あなたを守っている祖霊さまは何名か知っていますか」

この質問にほとんどの人が応えられません。それもそのはずです。私たちは普段はこのテーマを考えたことがないからです。そして「あなたにはあなたを守っている祖霊さまは三十名おりますよ」と言いますと、ほとんどの人が驚きます。一人や二人ならいざ知らず、三十名という人数の祖霊さまがいて、その方々に守られて生きているということが驚きであり、感動です。

この三十名はあなたを守護する存在です。

よくスピリチャルの世界の好きな人の間で、「あなたには三名の守護霊様がおりますよ」というようなことを言われたりします。しかし、祖霊さまは三十名もおります。自分を守護する人が三十名いるということはスピリチャルな世界では聞いたことがありません。

しかも、その三十名は直近八十年の人です。どこか知らない土地の何百年何千年昔の守護霊様ではないのです。「私には私を守っている存在が三十名もいる」、こう考えただけで、きっと勇気が湧いてくるに違いありません。

〈大切な言葉〉

人生とは自分一人の旅ではなく三十名と共に歩む旅なのです。

○三十名の祖霊さまは一人ひとりがあなたにつながっている

両親や祖父母を含む三十名の祖霊さまからの影響を見る際に、私たちは上の代から下の代へと情報が伝えられるという発想になります。あたかも「代理」のような関係です。

上三代上四代はほとんど記憶にない祖霊さまですので、なおさらその祖霊さまから影響を受けているという気持ちにはなれないものです。当然祖霊さまに守られているという考えでも、守っているのは直近の両親や祖父母と理解します。

ところが祖霊さまのしくみを見ますと、上から下への代理としての影響ではなく、三十名の祖霊さま一人ひとりが直接に子孫である「本人」に情報を伝え、守っていることがわかっています。これは大変な発見です。三十名の祖霊さまが守護することの凄さがここにあります。

○祖霊さまを振り返る作業のしくみ

祖霊さまとのご縁結び直しをするとは、三十名の祖霊さま一人ひとりを振り返る作業、祖霊さまをおもいやる時間を持つということであります。

私たちは自分の上四代に三十名もの祖霊さまが存在していたことを、日々の生活の中で考えたことがありません。せいぜい祖父母までです。それ以上の三代・四代との関係をどうしたらよいでしょうか。その答えが、「振り返る」「おもう時間を持つ」ということであります。

〈上一代の両親をおもいやる作業〉

両親の人となりや足跡を振り返る
自分にしてくれたこと、自分を支えてくれたことなど
プラス的な関係を思い出し、記録していく作業

〈上二代の祖父母をおもいやる作業〉

祖父母の人となりや足跡を振り返る
自分にしてくれたこと、自分を支えてくれたことなど
プラス的な関係を思い出し、記録していく作業

〈上三代・上四代の祖霊さまをおもいやる作業〉

三代以上は、自分の記憶にもない祖霊さまです。
その方々と関わった思い出はありませんので、
ひたすら「感謝」「御礼」を書き記すという作業
になっていきます。

こういった振り返りの作業を通して、祖霊さまの存在の重要性に気づいていただくというのが目

的です。

ただ、その感謝を記録する作業を続けていますと、それぞれがどんな人生を歩んできたか、それぞれから何をいただいて今の自分の存在があるのかが自からわかってきます。

この祖霊さまを振り返る作業は、同時に自分自身を振り返る作業でもあります。

ある種の「内観（自分を見つめる）」に似ています。書く作業を通じて、この世に生まれてきたことの意味を強固なものにしていくという作業になっています。

○三十名の祖霊さまが直接見守っています

見えない世界での救済は、ほとんどの場合、固有の神仏の役割となっています。

しかし、祖霊さまはチームで働く存在であります。

チームとして子孫を守り支えています。それもあなただけを守る役割として動いています。このような考え方は、世界の宗教でも珍しいものです。そのため、三十名の祖霊さまをどれだけ意識できるかが今後の生活における活動のポイントになってきます。

○「未来は過去」という時間の不思議さ

「未来は過去」という言い方があります。不思議な論理に聞こえます。しかし、時間軸で見てみますと、私たちが未来への時間の旅をしていくという事は、やがて、死して過去の人になるということを意味します。

祖霊さまになるという事は、どんどん時間の旅を先に進んでいくということです。前に進めば進むほど過去への足跡が姿を現わします。未来へ進む旅は、あなたが祖霊さまの仲間になることであり、上四代の三十名の存在になることであります。

第一章で紹介しましたが、祖霊さま三十名図には二つの体系図があります。

A図、タテに代々伝えられる関係を表した図

B図、本人であるあなたを中心として、放射状に円を描いて作られる図

A図は単に上四代から本人に向かっての代理的なしくみとしての関係です。しかし、B図は、祖霊さまになるということが、時間軸の外円への広がりの中で未来が過去になる証を示しています。

B図は、求心的なエネルギーの流れ図になっていて、外円の祖霊さまから中心の本人に向かい、

吸収されていくことになります。これが祖霊さまが守る理由です。

〈A図〉

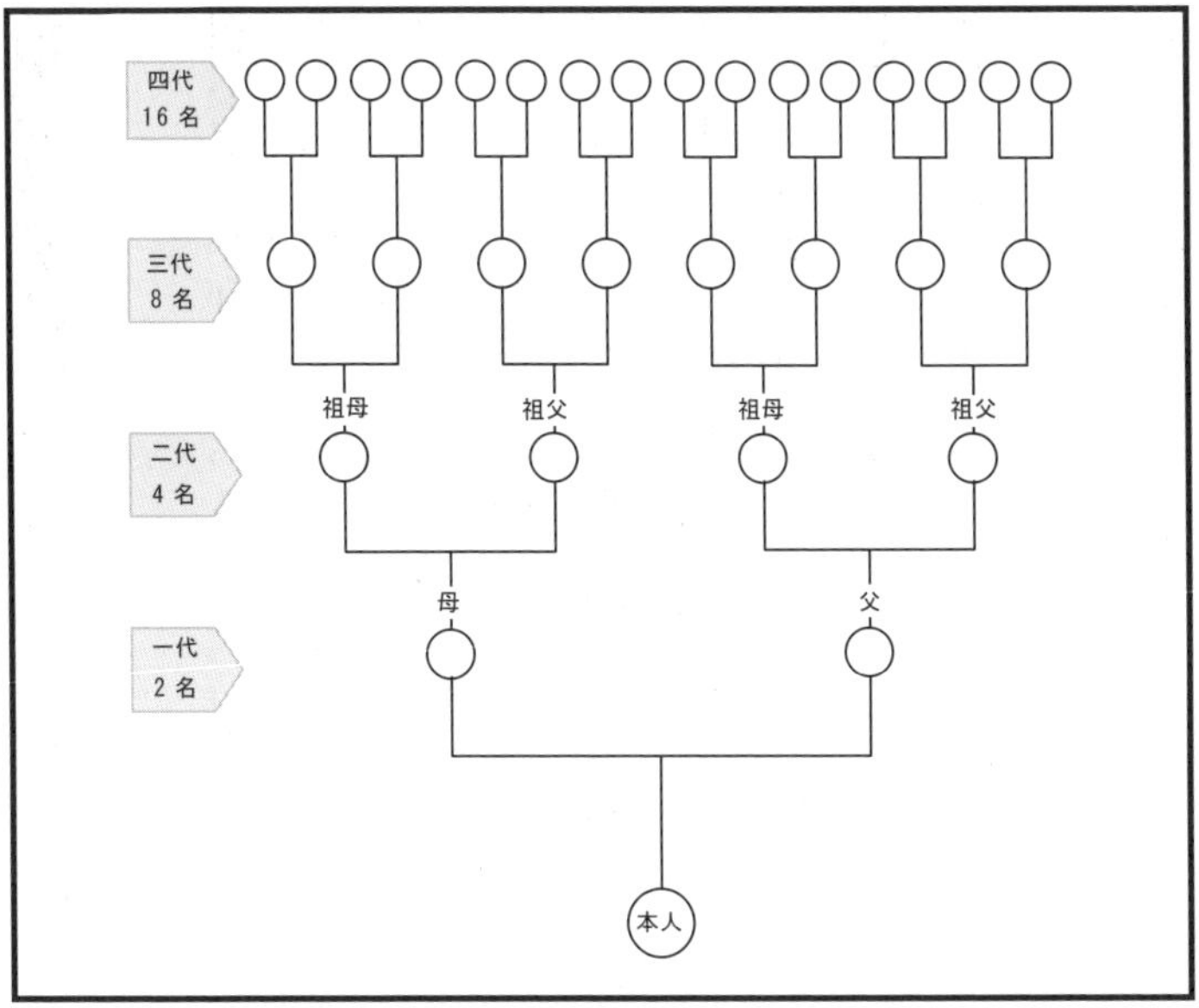

〈B図〉

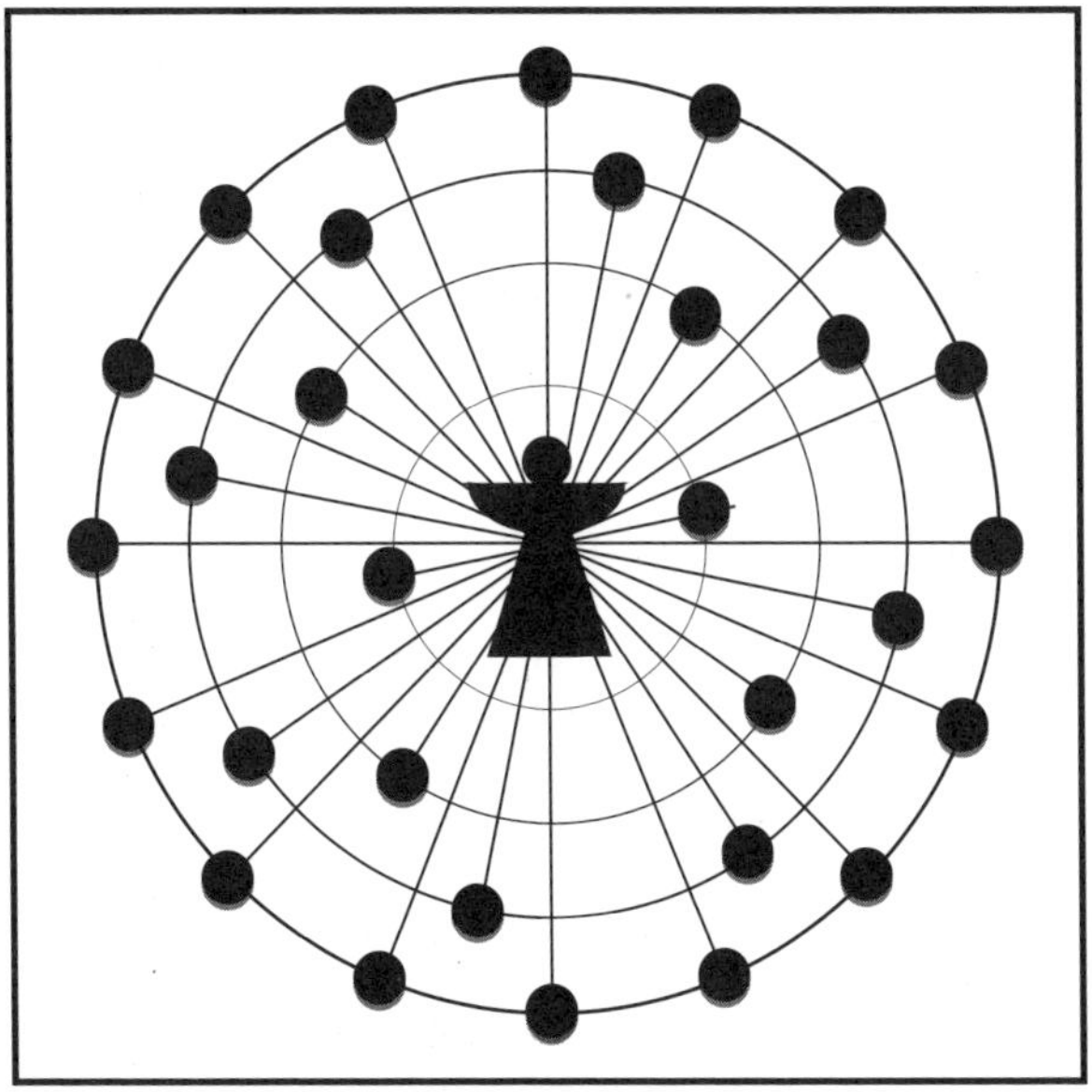

○祖霊さまはいつもあなたのそばにいる

祖霊さまが守っているとは、祖霊さまが遠くから見守っているという意味ではありません。「祖霊さまはいつもそばにいる」ということが祖霊さまのしくみの前提です。

人というのは「自分は一人」という思いで日々を暮らしています。遠く家族から離れて一人で暮らしている人は特にそのような気持ちになるものです。「自分は一人」という気持ちは孤独な気持ちになります。いろいろな勝負の場面では自分一人で戦っているという気持ちです。

しかし、「いつも自分のそばに祖霊さまがいる」、という考え方からしますと、あなたは決して一人ではありません。いつも三十名の祖霊さまがそばにいて共に人生を歩んでいるのです。祖霊さま三十名＋あなた一名の三十一名のチームというのはそういう意味が込められています。

祖霊さま三十名がそばにいるかどうかは、あなたの意識にかかっています。

あなたが祖霊さまがいつもそばにいて見守ってくれていると心から思っていますと、祖霊さまはあなたのおもっている通りにあなたのそばにいて喜びも悲しみも共有して見守ってくれることになります。

あなたが祖霊さまを架空の物語とするか、それとも真実の物語にするかは、一にも二にもあなたの意識次第ということになります。
あなたの意識さえ祖霊さまを認めさえすれば、いつも変わらずに祖霊さまは存在し、あなたを見守っているのです。こう考えた時、人生は楽しくなりますし、勇気が湧いてきます。

〈大切な言葉〉

祖霊さまはいつもあなたのそばにいて、見守ってくれています。

○祖霊さまはあなたが思い出してくれることを待っている

祖霊さまのことを「おもう」という場合、私たちが日頃思いだしている人は両親や祖父母のことであります。
それ以上の三代、四代のことは考えたこともありませんし、想像すらしたこともありません。祖霊さまの中で記憶にあるのは、特別に思い出のある人や家の歴史で名を遺した方だけです。

こう考えますと、祖霊さまは三十名いると言いましたが、実際に意識している人は半分にも満たないものです。また自分の「姓」に連なる祖霊さまを大切にしますが、姓の異なる祖霊さまは何か他人のように軽く見てしまいます。

祖霊さまとのご縁結び直しの作業の大切なことは、あなたが日頃考えたことのない祖霊さまを思い出すことにあります。

あなたの両親が健在だとしますと、あなたが両親のことを思い出して連絡を入れた時に両親は大変喜んでくれます。祖霊さまもこれと同じことです。あなたが祖霊さまのことを思い出してみる、イメージしてみることが祖霊さまにとっては一番嬉しいことです。祖霊さま三十名一人ひとりを丁寧に思い出す作業が祖霊さまとの結び直しということです。

ですから、日々の感謝活動では、この三十名の祖霊さまのことを忘れずに、祖霊さま三十名に語りかける、そういった日々を送りたいものです。

〈大切な言葉〉

祖霊さまはいつも、あなたが思い出してくれることを待っています。

○祖霊さま三十名図は上四代十六名十六家の祖霊さまからスタートする

祖霊さま上四代は十六名の人です。

それぞれが「家」を名乗っているとしますと、十六の家があるということになります。

この十六名同士の関係は、全く赤の他人です。

この十六名は時間も空間も異なる処で生活しています。地球レベルでの人の往来を考えますと、それこそ、この十六名は地球の果ての人である可能性もあります。

祖霊さま三十名図を見ますと、実は上四代十六名からご縁のリレーが始まっており、そのスタートが十六名ということになります。私たちが日頃道ですれ違う人が将来の子孫からみますと上四代の祖霊さまになる場合もあります。この上四代十六名は、争いの敵同士の場合もあります。十六名から下五代目が「本人」であるあなたです。上四代の祖霊さまにとって本人とのご縁が出来ているか否かは、この時点では想像もできません。

このことから考えますと十六名は未来のご縁をつくるために一斉にスタートを切っていると言えます。「人類皆兄弟」という言い方があります。正に十六名からスタートした未来はすべてが祖霊さまになる可能性を秘めております。

〈大切な言葉〉

今の社会の人すべてが未来は家族です。

○上五代以上の祖霊さまの位置づけ

祖霊さま三十名図では上四代以上の祖霊さまの登場はありません。

理屈的には五代も十代も二十代もというように人類の発祥まで命のつながりはあります。たどり着いたら人類皆兄弟という言い方は、そういった考えからであります。

しかし、そのような見方にはあまり意味がありません。私たちが目的としている効果にもつながりません。そして、永遠にさかのぼることは逆に祖霊さまの重要さを見失わせてしまいます。上四代はイメージできるマックスであると同時に現実の生存のマックスです。

では、上五代以上はどうなっているのでしょう。

私は、上五代以上は祖霊さまの役割を終えて大宇宙の異次元の世界へと同化されていくというように考えます。祖霊さまの存在そのものが異次元での存在ですからそれ以上の存在を考えることは必要ありません。私たちが祖霊さまを考えるのは、あくまでもイメージできる意識の範囲内ということになります。

○親戚って何でしょう

よく親戚付き合いという言い方があります。大体の場合、祖父母の兄弟姉妹や親戚の兄弟姉妹に連なる人々のことをいいます。

両親との葛藤で悩んでいる人もおりますが、この親戚との葛藤で悩んでいる人も多いものです。本家、分家と言う関係もあります。分家で生まれた人は、いつしか本家から疎遠になっていきます。そして、本家が滅び、家屋敷が朽ち果てても他人事のように気にもならなくなっていきます。三十名の祖霊さまをみますと、まぎれもなく本家の祖霊さまがいます。自分が顧みなくなった親戚の家は、自分をこの世に送り出した「生命の水流」であります。

そう思った時、自分の上四代の三十名に関係する人はすべて大切な宝物であり、守らなければならないものになってきます。

○兄弟姉妹って何でしょう

祖霊さま三十名図には自分の兄弟姉妹が描かれていません。親子のご縁は「生命の水流」からすると理屈的に理解できます。しかし、横のつながりの兄弟姉妹の関係性はよくわかりません。

ただ、個としての自分がこの世に生まれ、人生を歩む上には、兄弟姉妹の役割は重要です。両親のしつけや教育から身につくものもありますが、兄弟姉妹の関係から、影響受けたものも膨大にあります。

兄弟姉妹は、生命連鎖のしくみの中では、「助け合う」という役割を担っていることがわかります。両親に突然に先立たれた人は、兄弟姉妹の協力で人生を歩んで行かざるをえません。

ところが、兄弟姉妹は、人間関係で最も激しく葛藤する存在でもあるのです。良いときには、両親亡き後の人生で最大の支えであり、生きる意味もその関係にありましたが、家を出て独立していきますと、逆に、いがみあう関係に陥り、人生の地獄絵と化してしまいます。その後の人生はこのことで悩んでしまいます。

この兄弟姉妹の関係は何でしょう。これを考えてみるのも重要です。

○祖霊さま三十名以上の人とのご縁

上四代の祖霊さまは、「生きているマックス」という視点です。

今、産まれたばかりの赤子がいるとしますと、その赤子から見ると四代上の人ということになります。逆に四代上から赤子を見ますと、生命の寿命のギリギリでその赤子と出会うことが可能です。

ですから、上四代から見た子孫を「玄孫（やしゃご）」と呼称しました。

この祖霊さまの影響は、本人（赤子）からみますと上四代三十名からの生命（いのち）のリレーのように見えます。しかし、よくよく考えてみますと、人は一人では生きてはいけません。「家族」という共同体は、人が集まって共同体の構成員を支えているというしくみです。

これは両親という範囲だけでなく、両親の兄弟姉妹も支える役割を担っています。その意味では、上四代三十名をそれぞれに支えてきた家族の共同体の人数は、膨大な数にのぼります。そして血のつながりがなくても祖霊さま三十名を支えてきた人の数を加えますと、「生きる」ということは多くの人に支えられているのだということを知らされます。

◯祖霊さま三十名図と養父母との流れ

祖霊さまは三十名おります。

祖霊さま図を実際に作成していますと、途中から養父母にたどり着く場合があります。養子縁組をして家を継承させているのです。

三十名の祖霊さまは、原則としては血のつながりのある祖霊さまです。

しかし、実際には、子がなくて養子を迎えて家を継いでいる場合もあります。家督制度の日本社会では家を守るためには日常的に行われていました。

この場合は、まずは血のつながりのある三十名を想定して結び直しをおこないます。これが無事終了しますと、時間のある時に養父母との結び直しを行うことです。自分の「姓」は養父母の「家」の姓の場合が多いのですから、必ず家に連なる養父母との結び直しを行ってください。自分に生命を与えてくれた人々全てに感謝する活動です。

○夫婦になるということは相手の三十名の祖霊さまに出会うということ

男女が出会うというのは、お互いの意思で出会っていると思っていますが、祖霊さまの原理からしますと、それぞれの祖霊さまの力によって、ご縁が始まっています。

男女が夫婦になるという意味は、単に二人だけの問題ではありません。

祖霊さま三十名図のしくみをみますと、相手の三十名の祖霊さまとの出会いが待っています。今まで祖霊さま三十名＋自分で三十一名の人生であったことが、夫婦になった途端に三十名＋配偶者の三十一名が人生にプラスされます。

妻側の祖霊さま三十名	夫側の祖霊さま三十名
六十名の祖霊さま	

夫婦で人生を歩むということは、実は六十二名がチームを組み、支えながら歩んでいることを意味します。夫婦の間に子供ができますと、その関係はさらに深くなっていきます。

人生というのは、このように人と出会うことによって、その人の祖霊さまとの出会いということになります。こうして広がっていったご縁が人間関係をより強固なものにしていきます。

結婚は人生を飛躍させる力があるというのはそういう意味です。

○婿養子をとって家を継いだ人はどのような役割があるのですか

「家」の流れは「苗字（姓）」の継承でもあります。

戦前までは「家督制度」というものがあって、その家督が家を継ぐということでした。家督を継ぐということは親の財産を継ぐということでしたから人間社会の中でこの制度に従って生きていくことは最も重要なことでした。

家系図を作成しますと養子縁組で家を継いでいる場合があります。

子供のいない家は家そのものが消滅しますので養子縁組をしてつないでいるのです。結び直しのワークショップは基本的には血のつながりの祖霊さまとの結び直しですから、養子縁組された流れは関係ありません。しかし、祖霊さまが家を継いだことによって新しい人生が始まったという意味では、養子に入った家への感謝も必要です。そのためにも自分の血を分けた祖霊さまとの結び直しの他に、養家の結び直しも必要になってきます。

○祖霊さまはあなたがいて初めて存在する

祖霊さまはあなたがいてこその存在です。

ですから祖霊さまにとっても、あなたが人生をどう歩んでいるかが重要になってきます。あなたが旅立って祖霊さまのグループになったときに、あなたの上四代の祖霊さまは役割を終えて宇宙の大海原に消えていきます。

ただ、それまでは、祖霊さまはあなたが祖霊さまの存在や役割に気づき認識しなければその役割を果たすことはできません。

ご縁結び直しのワークショップは、あなたが三十名の祖霊さまに気づき、意識の深層に刻み付ける作業になります。そして、祖霊さまを大いに活用することが求められてきます。

あなたが活用すればするほど祖霊さまは喜んでくれるものです。

祖霊さまの存在は、すべてがあなたを守るためにあります。あなたと共にあるというのはその意味です。

○ワークショップは祖霊さまの生年月日がわからなくてもできる

心相数で祖霊さまの情報を知ることができます。

心相科学の技法を学んでいる人は、祖霊さまとのご縁の結び直しの作業は、一人ひとりの数字情報がわからないとできない、と思っている人が結構います。しかし、祖霊さまとのご縁結び直しのワークショップは直接には心相科学とは関係ありません。

逆に心相数にこだわりますと、心相数はその人の情報ですから、知っている人とそうでない人が出てくることになります。知っている人はそのイメージが鮮明になってきます。そのような状態でワークショップを行いますと知らず間に、情報を知っている祖霊さまは身近に感じられ、そうでない祖霊さまは、よそよそしい気持ちになってしまいます。祖霊さま三十名は等しくあなたに影響を与えた方です。

ですからワークショップに参加される方々には三十名の祖霊さまを調べないで参加することをお願いしています。先入観念のない状態で素直な気持ちで自分の祖霊さまに出会ってほしいのです。ただ、そうは言いましても両親や祖父母についての情報はありますので、自分が知った情報からワークショップを始めても何も問題はありません。

ワークショップを終えて祖霊さまとの結び直しを終えた後には、逆に祖霊さまの心相数情報を調べることをすすめます。

そのためには出生地の役所に行って家系図作成に必要な情報を調べることが必要です。心相数は祖霊さまとのご縁がどういうものかを知るためには重要な情報です。戸籍などを調べて、一人ひとりの祖霊さまの情報を明らかにする作業は楽しいものです。ここでは心相科学の技法は大変重要になってきます。三十名の祖霊さまの情報を調べてみてください。

○上三代からは名前も顔も知らない祖霊さまですが、どうすればイメージできますか

確かに、上三代八名と上四代十六名の祖霊さまは、特別にその人物の物語が伝えられている人以外は日頃まったく考えたこともない方々です。ただ、ご縁結び直しの作業は、その人のイメージを特定する必要はありません。あなたが一人ひとりをイメージした時に「どんな方だったんだろう」と想像し、イメージを膨らますという行為に意味があります。

そして、見えない世界があり、見えない世界の力が働いているという前提でみますと、あなたが思い出すという行為が実際の祖霊さまの情報と一致するようになります。

ワークショップではあなたのイメージする力を高めるために、イメージのトレーニングを行います。

私たちのイメージする能力は子供の頃は自由自在でどんな映像も思い描くことができました。しかし、歳を重ねるにつれて、常識や経験といったものが固定観念になって、イメージする力が封印されてしまいます。

ですから、ワークショップのイメージトレーニングは、その人が本来、五歳ぐらいまでに持っていた能力を再び取り戻すための訓練です。

イメージの世界では、あなたの三十名の祖霊さまと出会って話をすることも可能です。祖霊さまは亡くなってしまった方々が大半ですが、イメージすることによって、あなたのそばに存在していることを実感できるものです。

〈意識を自由自在にするトレーニング〉

○数字による意識深化のトレーニング
○色による意識深化のトレーニング
○色の変化のトレーニング
○数字の変化のトレーニング
○大↓小　小↓大　のかたち変化トレーニング
○物質に入るトレーニング
○場所の体感トレーニング
○場所の移動トレーニング
○大切な祖霊さまに会いに行くトレーニング

〈イメージする力の変遷〉

五歳まではイメージ自由自在
←
さまざまな知識・経験
←
固定観念
←
制限されたイメージ
←
制限されたイメージの改善
五歳のイメージ自由自在に戻る
←
祖霊さまに再会する
いつでも祖霊さまに会える

◯今までの自分を見つめ直す作業

ワークショップを受ける意味は何でしょうか。

「自己流では結び直しはできない」ということがわかりました。祖霊さまが大切だからということで「毎日祖霊さまに祈りをささげている」という人がおります。しかし、この場合には、ほとんどの人が自己流になってしまっております。何事も自己流のやり方は、せっかく行ったにもかかわらず、ほとんど効果がうすいものです。「祖霊さまが守っている」という確信に至るには丁寧に作法に準じた行動をしなければならないという意味です。

通ずる祈りと通じない祈りがあります。通じない祈りの日々を送っていますと、ただ時が過ぎてゆくだけになります。

あなたが自己流にならないようにするために、私は祖霊さまとご縁を結び直すワークショップを実践し、毎日の祖霊さま感謝活動の感謝ノートの達成の認証印を授けています。

○結び直しは自分の内心と向き合うこと

ワークショップは上四代三十名の祖霊さま一人ひとりと振り返る作業です。具体的には一人ひとりの人生を振り返り、その人との関係や今までやって頂いただいた行為を抜き出す作業です。

これは、ある意味では、一人ひとりと対話し真剣勝負でその人のことを考えるという行為です。相手をおもいやることは、同時に自分を振り返ることを意味します。自分を振り返るには、自分の心と向き合わなければなりません。日々の生活における意識は外に向かうものであります。ここでは自分の内なる心に向き合うことになります。「内省の旅」といってもいいでしょう。内心への内省が深ければ深いほど、そこから得られる「答え」は大きいものとなります。

内心と向き合うことは、一生に一度しかありません。

ワークショップの作業が一生に一度しかできないというのはそういう意味からです。

ご縁結び直しの作業は、本当の自分と向き合うための内省の旅。その内心と向き合う旅は一生に一度しかできません。

○自分のルーツを知るということは祖霊さま三十名に出会う旅のことをいいます

以前、米国で「ルーツ」という映画が上映され、それに伴って「自分のルーツをさぐる」というブームが起こりました。アメリカは多くの国々からの移民の国ですから自分たちのルーツに関心があったのです。

しかし、祖霊さまとの関係で「ルーツ」を考えますと、ルーツをさがす旅は、そのまま祖霊さまと出会う旅ということになります。遠い異国のルーツではなく、自分の直近の三十名の祖霊さまに出会う旅がルーツの旅です。

上四代以上の祖霊さまは自分にいろいろなものを伝えた存在ですが、自分を守り、支えるという意味では役割を終えた存在ということで、「ルーツ」という意味での存在ではありません。

ルーツをさぐるというと、何かしら何百年の旅をするかのように思われますが、祖霊さまの関係で考えますと、たかだか八十年の歳月にしかすぎません。しかし、多くの人は、この八十年のルーツさえも忘れてしまっています。

祖霊さま感謝の活動における旅は、この三十名の祖霊さまと出会う旅であります。その旅を終えたときあなたが新しく生まれ変わることになります。

〈大切な言葉〉

> あなたのルーツの旅とは、目の前の上四代八十年の旅のことです。

○祖霊さまとのご縁の結び直しを通して生まれてきた意味を知る

人生のスタートは両親とのご縁から始まります。

しかし、親は子を選べませんし、子も親を選べません。こういった関係からスタートしているせいか、親子のご縁をいただいたことに感謝することはほとんどありません。ましてや親子関係がうまくいっていない人にとっては、むしろ、恨みの気持ちが強いものです。

ご縁の結び直しの作業はこういった親子のご縁に向き合う作業です。

良い親子関係も悪い親子関係も、どうしても向き合わなければなりません。今の自分の存在を肯定する人にとっては結論として、親の存在があっての自分があるということに気づかされます。

結び直しの作業は人生に一回しかできません。

だからこそ失敗が許されません。真摯にその時間に集中しなければならなくなります。自分を生んでくれた両親に対する心の旅が始まります。肯定する気持ちも否定する気持ちも感情の葛藤を余儀なくされます。この作業は生まれてきた意味に気づく作業です。

ただ、この作業は必ずしもうまくいくとは限りません。失敗しますと一貫の終わりで、今後の人生の立て直しは不可能です。自分と向き合う時間です。逃げないで正面から受け止めてください。

○結び直しのワークショップの期間

祖霊さま三十名様とご縁を結ぶには、一人一日として文字通り三十日かかります。なぜ、これほど時間がかかるのでしょうか。これは、これまでの体験から得た結論です。ワークショップを一日で終えた時もありましたし、三十日かけてやったときもあります。それぞれの期間で終了した方々の十年継続率をみてみますと、三十日でじっくり結び直しをした人の方が長く続いています。一見一日セミナーで終えて、あとは祖霊さま感謝活動に移行した方が良いようにおもえますが、やはり、この祖霊さま感謝ワークショップは丁寧に一日一人ということの方が良いように思います。

この祖霊さまワークショップは基本的には一生に一度しかできません。

そもそも何度もやるべきものではないのです。だからこそ、このワークショップの作業は丁寧に行なわなければならないのです。ワークショップを主宰する側が効率を優先して一日で終わらせようとするのは、あまり良くありません。じっくり、時間をかけて一生に一度の作業を組み立てていく、そして修了してご縁が結び直されたとき、自ずから皆様に喜んでもらえることになります。

三、祖霊さまからパワーをもらう

ワークショップの目的の一つに祖霊さまからパワーをいただくというテーマがあります。

人生というのは大海に漕ぎ出す航海に例えられます。

この大海は穏やかな時もありますが嵐のときもあります。しかも、この航海は自分ひとりの旅であります。いつも突き進む進路の方からさまざまな事柄の課題が波となって押し寄せてきます。こういった大海を航海するにはどうしても知恵と勇気と体力が必要です。祖霊さまのパワーは航海における励ましのエールであります。エールがあるか否かでは一生という旅の成否が違ったものになります。

○祖霊さまからいただくのは意識エネルギーのパワーです

祖霊さまからパワーをもらうというのは、物理的なパワー（エネルギー）のことではありません。

亡くなられた祖霊さまから物理的に何かをもらうというのは科学的ではありません。

ここでいうパワーは、意識レベルでの話です。

そして、その事を考える前提として、「意識した瞬間に現象を生じしめる」という宇宙の原理をおさえておきたいと思います。この宇宙は意識の大海原です。そして、起こることの現象は、すべてが私たちの意識が作り出した産物です。意識の力が日々の状況を変えていきます。ですから、このような発想を持って「パワー」をとらえてみることが必要です。

祖霊さまとのご縁の結び直しのワークショップは、あなたの信ずる力を開花させるためのセミナーです。

信ずる力とは、意識の力、意思の力という意味です。

そしてパワーは何に役立つかというと、それは「良い運を呼び込み、それを活かす」ためといえます。意識の力が運体質をつくるのです。

○祖霊さまのパワーはどんなことに役立ちますか

復習になりますが、もう一度ワークショップの目的を紹介しましょう。何度でも流れを説明することは意味のあることです。

祖霊さまとのご縁結び直しのワークショップは二つの目的で行います。

一つ目は、祖霊さま三十名の皆様とご縁の結び直しをする作業です。

これは一人ひとりを丁寧に思い描き、情報としての感謝をすることによって実現していきます。

この作業は今までの過去に対するご縁に感謝する作業です。

二つ目は、祖霊さまからパワーをいただくという作業です。

今後生きていく上で祖霊さま三十名との関係から何をいただくかという意味です。正に最大のハイライトはこの二番目の祖霊さまからパワーをいただく作業です。

ではこのいただいたパワーは生活の中でどのように活用するのでしょうか。

ある意味では、活用を目的とするからこそパワーをいただくということでもあります。

まず、活用の第一は自分の運を良くするためであります。祖霊さま感謝活動そのものが良い運を呼び込む行為になります。

次に私たち人間というのは心と体が表裏一体となった存在です。

ですから、心を整え体を整える上で祖霊さまのパワーは大変役立ちます。体の場合には病気を治し、健康になるため最大のアプローチになります。意識が心身に影響を及ぼすことからしますと当然に祖霊さまのパワーは力になります。

四、祖霊さまに会いに行く

あなたの意識の中では、祖霊さまは亡くなった人、という位置づけになっています。もうどこか遠い所へ旅立って行って、会いたくても会えない存在ということでしょうか。しかし、存在するか否かはあなたの意識の問題です。いないと思えばいないし、いると思えば今でも変わらずにあなたのそばに存在しております。私はよく「亡くなられた祖霊さまが存在するか否かはあなたが決めているのですよ」という言い方をします。ほとんどの人が「死＝いなくなった」というように思っています。「あなたのこの意識が祖霊さまを消してしまっているのですよ」「いると思えばいますし、会いたいと思えばいつでも瞬時に会うことができますよ」私はこう考えています。

「祖霊さまに会いに行く」

この言葉の響きには穏やかな安らいだ気持ちが感じられます。

祖霊さまのご縁結び直しのワークショップは、あなたが消し去った祖霊さまの存在をもう一度思い出し、形あるものにするための大切な作業です。どうぞ良い再会をしてください。積もり積もったことも祖霊さまにご報告しましょう。

○イメージの力を強化して祖霊さまに会いに行く

祖霊さまに会いに行くということを紹介しました。

本当に物理的に会うというのは単なるスピリチャル好きの妄想に過ぎません。「宇宙は意識の大海原」ということからしますと、私たちの存在の実態は意識、意念としてつながっているかが重要になっています。

亡き祖霊さまにお会いするということは、意識のエネルギーを使えば苦もなくたやすく可能になります。意識は時空の壁をも超えることのできる唯一の手段であり手法だからなのです。

イメージの力は幼児期がピークです。

おそらく生命の成長の上では、五歳がピークになっています。

その年齢まではイメージは自由自在、時空を超えることは朝めし前、自分のなりたい姿や職業はどんなものでもイメージすることができます。祖霊さまとご縁を結ぶワークショップのイメージトレーニングでは、あなたの幼い頃のイメージする力を解き放つ作業を行います。

○三十名の祖霊さまに会いに行く

三十名の祖霊さまに会うことができたら、どんなに素晴らしいことでしょうか。

祖霊さまは亡くなられた方が大半ですから、二度と会えない存在だと考えられています。しかし、祖霊さまはいつも変わらずに自分のそばに存在しているのです。自分が会いたいと思った瞬間、それはいつでもあなたに語りかけ、あなたの力になってくれるものです。

祖霊さまは「いない」という気持ちは、あなた自身で「いない」という処理をしているにすぎません。情報と言う意味では「いる」と思えば、情報は変わらずに「いる」という方向で処理されていきます。「いない」と思うからこそ、愛する人の旅立ちに涙することになるのです。

祖霊さまに会いに行ってみましょう。

祖霊さまに会うプロセスは、あなたの心に「いる」という意識の芽生えから始まります。イメージを自由自在に解放しますと、自分が「いなくなった」と思っていた祖霊さまが目の前に現れるのです。それが祖霊さまに生かされ支えられているという確信になります。

ワークショップでは、正にその作業をおこなっております。

○自らの身体に宿した祖霊さまのパワーを活用する

すべてはイメージの世界です。

自分に祖霊さまが降りてきて一体となるイメージです。

日本の伝統的な古神道の修行では、神前にある御簾（みす）になぞらえられて、「御簾外（みすそと）の行」と「御簾内（みすうち）の行」があります。御簾外の行は人前でやってもいい行です。御簾内の行は人前ではやってはいけない、いわゆる「霊界行（れいかいぎょう）」と言われるものです。御簾外の行は自力の行で、自分自身で主体となって行うものです。御簾内の行は他力の行で自らの身体を神の降りる柱（よりしろ）として神を降ろし神そのものになって神に身を委ねて魂を清めていくというものです。このように日本の精神文化には神と一体となる、神を自分の身体に降ろすというアプローチが多くあります。

これはイメージの力を供する上では素晴らしいアプローチと言えます。

「祖霊さまからパワーをいただく」というテーマを考えますと、このアプローチはとても納得いくものです。祖霊さまの力を借りて病気治しをする場合にも、あなた自身が祖霊さまと一体となったイメージが大切です。また、自分自身の将来への答えを求めているときも祖霊さまと一体となることによって良い結論を得られるものです。

〈日本の心身のアプローチ（修行）の考え〉

御簾外の行	御簾内の行
自力の行・人前でやってよい行	他力の行・人前でやってはいけない行
座禅・滝行	霊界行

五、祖霊さまとのご縁の結び直しに必要な三つの技法

祖霊さまとのご縁結びは単に意識だけではできません。意識を変えるための方法があります。今回のワークショップでは欠かせないアイテムとして三つのことを使わせていただきました。この三つのアイテムはあなたの意識を変えるために必要なものです。通常の意識から見えない深層の世界へと通ずる必須のものであります。

この三つの技法を選びましたのは、ある種の直感でありますが、今までの長年の学習と経験からする最良な答えになっています。

○結び直しを実現する三つの技法の紹介

祖霊さまとのご縁結び直しを行うためのワークショップでは、三つの技法を紹介しています。

〈結び直しを実現する三つの技法〉

ワリキ（和力）の手印	祖霊さまとの情報の送受信のアンテナ
結び直しの真言	祖霊さまを呼び出すチャンネル
ソレイヒトガタ（形代）	祖霊さまへの願いを伝える装置

三つの技法とは、①ワリキ（和力）の手印、②祖霊さまの真言、③祖霊さまのエネルギーを転写するソレイヒトガタです。

この三つの技法はそれぞれが影響し合って結び直しを効果のあるものになっています。逆に言いますと、結び直しをするためには必ずこの三つの技法を取り入れてやらなければならないという意味です。

ワリキの手印は、祖霊さまとの交流のアンテナです。祖霊さま真言は願い事を実現するための宇宙のエネルギーを引き寄せる装置です。ソレイヒトガタは祖霊さまのエネルギーを写し取るエネルギーの保存に効果を高めるものです。

六、ワリキの手印の意味と意義

ワリキの手印はご縁結びになくてはならないものです。また日頃の感謝や願いの祈りにも必須の行為となっています。私たちの身体動作を活用するというのは、意識の導入の手段です。ものごとのルーティーンの一つであるとイメージしていただければ良いでしょう。通常の意識から変性意識へ切り替えるスイッチの役割があります。

何事もそうですが、私たちが価値あるものと認めた瞬間に、そこに現実の「価値」が生まれてきます。

あなたがワリキの手印に価値を見出した瞬間、このワリキの手印は時空を変えた情報を自在に収集しコントロールできるものになります。

ここではこの大切な技法のひとつであるワリキの手印について紹介します。

○祈りの手印の意義

祖霊さま感謝の活動では、祈りにおいて合掌手印が重要です。

手印というのは、例えて言えばアンテナのようなものです。アンテナを通して、情報を送受信します。日々の祈りでは、この手印を活かして、祈りの効果を上げていくことになります。

手印というのは、昔から、宗教の祈りの技法として、いろいろと試され、その重要性が確認されてきました。

手印というのは、同時に祈りへ入るためのルーティーンでもあります。自分が手印を作って、祈りの動作を始める。それがそのまま祖霊さまへの情報の発信となり受信となるものです。

今回紹介する「ワリキの手印」は、指の構造を最大限に生かしたもので、多くの手印の中で最も効力のあるものです。仏像彫刻に多く残されています。

○ワリキの手印は宇宙のパワーを送受信する装置

宇宙はエネルギーの大海原です。さまざまな現象における情報は、エネルギーという形で宇宙に存在しています。祖霊さまも亡くなって後は、このエネルギーの大海原の中で異次元の向こうに存在し、私たちを見守っています。この情報の大海原、エネルギーの大海原との情報の交流は、ワリキの手印が最も効果的です。

仏像の中にも、座して印を組んでいるものがあります。例えば、「法界定印」の手印を結んでいる仏像に出会います。法界定印とは手印を組むことによって、そこに大宇宙と交流する地場ができ、自ずから宇宙と一体となることができるというものです。イメージの持ちようについての説明ですが、ここでもワリキの重要さを見て取ることができます。

○ワリキの手印は手かざしよりエネルギーが強い

世の中には宗教上のさまざまな「修行」があります。

私たちは心と体の二つから成り立っていますので、修行においても心のアプローチと体のアプローチの二つがあります。

体のアプローチとしては、前にも紹介しました息吹（呼吸）と身体動作が必要です。呼吸については別のところで紹介しますが、身体動作の中で「手印」というのは特に重要な所作になっています。人類は長い歴史の中で手の果たす役割や効能を研究し実体験としてのノウハウを積み重ねてきました。現在、手印にはいろいろな形があることが解ってます。この手印は仏像などの偶像にも活かされていて、それぞれの形とその効能が伝承されて残っています。

祖霊さま感謝活動ではワリキ（和力）の手印を祈りの送受信の装置として使っています。

これは今までの単なる手かざしよりも効力が高いということから採用されたものです。実際の病気治療で試してみますと、通常の手かざしより効果が高いことがわかります。神仏への合掌礼拝も単なる合掌手印よりもワリキ手印の方が効力があります。

○祈りにワリキ（和力）の手印は必要ですか

祈りと言うのは、気持ちや意識の中の行為であり効果です。

ですから、基本的には、祈る気持ちだけで十分目的を達することができるものです。

しかし、人類は長い歴史の中で神仏の祈りを追求し、その効果を体験することになります。その体験からたどり着いたのが身体動作の重要性です。

祈りは、「願い」ということでありますから、「祈りを届ける」「祈りを伝える」という考えになります。今の電波のように、ある場所から目的の場所へ電波を送る、というようなものです。

昔の人は手の形によって、祈りが届けられると信じていました。

手は同時に何かを伝えるメッセージとしての表現方法でもありました。自分の意識する事柄を情報として、それぞれの形の手印として送受信していたのです。何千年の長きにわたって宗教儀式として行われてきたことからしますと、それなりの効果があるのでしょう。

ワークショップや日々の祖霊さま感謝活動では、ワリキの手印を祈りの作法として活用しています。これはあなた自身の意識のスイッチとしてのルーティーンでもありますし、祖霊さまへの願いを発信するアンテナの役割があります。アンテナがあるものとないものでは、伝わり方が全く違ってくるというわけです。

○神社仏閣での祈りもワリキの手印で行う

神社仏閣を訪れる機会は多いことでしょう。

あなたの日常の空間にも神社仏閣はありますし、旅先での観光施設も神社仏閣に関係するものが多いからです。そのときには当然に参拝し、神仏に日頃の感謝を伝えることになります。中には、ご利益の高い神仏に様々なお願いすることもあります。

手印は神仏をつなぐアンテナのようなものですから、自分の気持ちを伝える上に心から手を合わせ祈ることになります。祖霊さま感謝活動では、手印の中で最も効果の高いワリキの手印を使っています。同じように神社仏閣でもワリキの手印で祈ることをすすめます。どんな場面でも首尾一貫してワリキの手印を使うということです。

私は良く東南アジア諸国を訪れる場合があります。例えば、仏教国スリランカでは、スリランカ最高の寺院である仏歯寺に参拝する機会をいただきました。お釈迦様の仏舎利（遺骨）の前でもワリキの手印で感謝のお祈りをさせていただきました。

あなた自身がワリキの手印のすごさに気づけば当然のように、いついかなる場所でもワリキの手印で祈りたくなるものです。

○ワリキの手印は日常のいろいろな場面で役立つ

ワリキの印は、まずは、祖霊さまへの祈りのために使います。

次に、日常のあらゆる行為に活用することができます。

そもそもワリキの手印はエネルギーの送受信の装置ですから、私たちが意識する行為のすべてに役立ちます。

たとえば、タクシーに乗りたいときに、ただ願うのではなく、ワリキの手印を結びながら心の中で念じてみるということです。自分でも驚くほどに効果があります。また、皆様は神社仏閣を訪れ神仏に祈りを捧げる場合があるかと思いますが、そのときにも単なる合掌ではなく、ワリキの手印で祈ることをすすめます。このワリキの手印の方がアンテナになって思いが伝わりやすいのです。

また、いろいろな悩み事や解決したいことがある場合もワリキの手印を結びます。そうしますと、自ずから心が穏やかになっていくものです。

○苦しい時には手印と呼吸で安らぐ

私たちは日々楽しいことだけではありません。辛くて苦しくて何かにすがりつきたくなることもあります。人は何かに悩んだときは例外なく心身の状態も悪化しています。この苦しみから逃れ解放されたいという気持ちはどうしたら処理できるのでしょうか。

このときこそ祖霊さまの出番です。

祖霊さまはあなたを守護する存在であると申しました。あなたを辛さや苦しみから救いの手を差し伸べてくださる存在です。手印と呼吸を通じて、あなたのおもいを祖霊さまに伝え、解決を委ねるというわけです。

七、息吹（いぶき）の重要性

日本では親から子への継承は「息吹」によってなされると考えられてきました。息吹は呼吸のことです。

昔の人は生命に必要なこの呼吸に神秘さを感じ、さまざまな命の継承を息吹の視点から考えました。

今回の祖霊さまとのご縁結び直しの作業でも息吹はなくてはならない技法になっています。呼吸というのは不思議なしくみです。

東洋には、「調身調息調心」という言葉があります。これは心身と呼吸の大切さを伝える言葉です。「身を整え、心を整える手段は呼吸にある」というような理解です。

今日の健康法のアプローチや能力開発のアプローチも呼吸なくしてはそのしくみが成り立ちません。それほど重要なテーマなのです。

その中で、今まで公開されてこなかった呼吸の仕方があります。

この呼吸の仕方は「神の一息」と呼ばれ、神事でしか使いません。長年修行をしてきた方もこの呼吸は知らないでしょう。門外不出の秘伝中の秘伝として師から弟子へ口伝として伝えられてきたものです。

祖霊さまとのご縁結び直しの作業ではこの究極の呼吸の仕方を伝授しています。

「なぜ、一般に公開するのか」というお叱りもあるかと思います。

確かに一理あります。「伝え」の中には、いろいろ弊害があって、公開してはならないこともあります。しかし、祖霊さまとご縁の結び直しは、この「神の一息」の呼吸でしか、結び直しはできないからなのです。長年封印されてきたものですが、この祖霊さまの大切さを知っていただくためには公開しても差し支えないでしょう。

あなたが祖霊さまとのご縁結び直しができるか否かは真剣勝負です。すべての知識と経験の総力戦です。そういったおもいでこのしくみを組み立てているのです。

○さまざまな呼吸の仕方

人類が発見し、伝えてきた呼吸の仕方には、いろいろあります。

腹式呼吸、胸式呼吸、丹田式呼吸、吐き切る呼吸や鼻と口の使い方、吐く吸うの加減、など、そこにさまざまな名称や技法が伝わっています。いかに呼吸法は心身を整え変えていくアプローチとして重要であったかがわかります。

今まで、いろいろな修行をしてわかったことですが、見えないしくみの秘伝は、ほとんどが呼吸と声（呼吸の吐く動作）で組み立てられていました。

裏を返せば、呼吸や発声を通じてしか意識を変容させることができないということでもあります。

古来から人は、この呼吸の重要さを体感で発見していたのです。

項目	内容
身体部署	鼻・口・皮膚（普段は意識していない）
機能	A、鼻から吸って、鼻から吐く（日常の生活における呼吸） B、鼻から吸って、口から吐く（さまざまな修行や祭式の秘伝） C、口から吸って、鼻から吐く（実際にはありません） D、口から吸って、口から出す（神の一息）
吸い方と吐き方	鼻から吸って口から吐く（起点の違い） ①鼻から短く吸って・口から長く吐く ②鼻から長く吸って・口から短く吐く ③鼻から吸うと口から吐くが同じ時間 口から吐いて鼻から吸う（起点の違い） ①口から長く吐いて・鼻から短く吸う ②口から短く吐いて・鼻から長く吸う ③口から吐くと鼻から吸うが同じ時間
呼吸を止める仕方	スタートの仕方 ①吸って・止めて・吐く・②吐いて・止めて・吸う・③吐いて・止めて・吸って・止める
一般的な名称	A、腹式呼吸法↓肺の下の方に（お腹がふくらんだように見える） B、胸式呼吸法↓肺の上の方に（胸がふくらんだように見える） C、丹田式呼吸法—東洋の古来から伝わる腹式呼吸法の名称・臍下丹田
腹式呼吸のさまざま	A、吸うときにお腹をふくらませ、吐くときにお腹をへこませる B、吸うときにお腹をへこませ、吐くときにお腹をふくらませる C、吸うときも吐くときも腹圧を変えずに行う

○祖霊さまとあなたの魂を受け入れる「神の一息」の重要性

祖霊さまとあなたをつなぐものは「息吹」だと紹介しました。

息吹は呼吸のことです。呼吸は不思議です。吐いて吸ってたゆまずに行われています。これは当たり前すぎて誰も疑問を持ちません。

しかし、昔の人はこの呼吸に神秘性を感じておりました。

東洋医学では生命力のルーツは二つあると考えました。

一つは先天の気です。

オギャーと生まれる前に、生命力は第一ラウンドが決まるという考えです。これは今の現代医学で言えば遺伝子の情報です。人は親の持っている病気の因子をもって生まれてきたという意味です。

二つは、後天の気です。

出生の後の生活環境や学習体験からの影響のことです。その大きな要素が飲食と呼吸です。人は飲食を断たれると生きていけません。水を飲む行為や食事をとる行為が生命力を維持しているということは周知の事実です。しかし、昔の人が感じたのは「呼吸」への関心でした。飲食は何日も食べなくてもすぐには死にません。ところが呼吸は一分止めればお陀仏です。だからこそ、この呼吸に生命力を見出し、これを祖先から子孫へのおもいの流れとして位置づけたのです。

では、この息吹（呼吸）はどうなっているのでしょうか。

呼吸にはいろいろなバリエーションがあります。

それぞれに身体のしくみという観点からは意味のあるものです。今回、祖霊さまとのご縁を結ぶワークショップで紹介する呼吸は生命のしくみからいいますと、究極の呼吸になっています。

詳しいことは口伝としてワークショップで紹介しますが、この「神の一息」という手法を用いなければ結び直しはできません。生命継承の呼吸法です。

○祖霊さまにつながる呼吸で生命力を強くする

日本では親から子へ伝わる魂や霊や想いや運気と表現された事柄は、「息」によって縦の流れとして伝えられてきたと考えました（息吹の伝え）。

その意味では、この私たちの息吹（呼吸）は、祖霊さまとあなたを結び付けるための大切なしくみになっています。

人の誕生はオギャーと一息吐いて始まります。

そして人の一生の終わりは一息吸って神上がります（息を引きとる）。

赤子が吐いたものは何か、息を引きとっていったものは何か、こういった議論がなされてきたのも、昔の人が息（呼吸）に伝えられる生命の不思議さを垣間見たからでした。

〈人の呼吸とのかかわり〉

出生	オギャーと一息吐いて生まれる（息子）	呼（はく）
死亡	一息を吸って亡くなる（息を引き取る）	吸（すう）

呼吸は健康の分野でも自律神経を整える大切なアプローチになっています。おだやかな深い呼吸は心身の安静に役立つことは周知の事実です。しかし、それ以上に大切なことは、この呼吸は三十名の祖霊さまから途切れることなく伝わってきたものであるという事実です。祖霊さまから生命力をいただくということは呼吸の実践でもあるのです。

八、真言（しんごん）の力

真言とは「言葉の力」です。

日本は「言霊の先はう国」として、言葉の持つ霊力を信じてきました。

万葉歌人・柿本人麻呂や山上憶良の和歌にも言霊についての歌が紹介されています。

明治期まで皇室の天皇の御霊を創られてきた神祇伯（神事を司る役職）を八百数十年継承してきた白川家の伯家神道では、「この世界は言霊の霊力に満ちあふれた世界である」と考えてきました。そして、「人間の発した言霊は宇宙の大海原の言霊のエネルギーと同調し、言葉の意味するところの現象を生じしめる」という考えでした。これは現代物理学が宇宙はエネルギーに満ちあふれた世界、情報の大海原という考えに通ずるものがあります。

昔の人は、真言は見えない力や見えない働きと同調し、その同調によって求めている現象を作り出すことができると考えていました。この昔の人の考えは直感に裏打ちされたもので本質と言えるものです。

今回のワークショップや日々の感謝活動での祈りはこの真言が重要になっています。

どうぞ、真言の働きを信じて、大いに活用してください。

○祖霊さま感謝の真言の意義

なぜ祖霊さまとのご縁の結び直しに真言が必要となるのでしょうか。

そもそも多くの人は「真言」ということを考えたことがありません。当然、その真言の果たす効能や役割というものも考えたことがありません。

真言という考えは宗教の技法に対する考えです。

キリスト教の「アーメン」や仏教の「経文」や神道の「祝詞」の言葉が真言にあたります。この真言は有り難いもの、霊力をもって効力を生じしめるもの、見えない存在への意思の伝達の端緒となるものというような意味です。言葉は音声化された情報です。音はそのまま宇宙のエネルギーに同調し共振し共鳴するという仕組みになっています。真言はその時代のニーズに応じて、その時代の人々のニーズを体系づけて、それを実践として活用していきました。

祖霊さま感謝の真言は九音から成り立っています。これは、私の六十余年の体験と研究からたどり着いた、究極の真言です。

私は心相科学の研究の結果、宇宙は3・6・9のしくみで動いていることを発見しました。数字というのは見えない働きを見える形にする翻訳機の役割を持ったものです。その中でも「9の法則」は、宇宙を動かすすべての根元にあるものとして、すべてを創り、動かしている根本法理になっています。祖霊さまの真言は、この9の法則から八十一通りの祈りの言葉として作られたものです。真言は言霊でありますから、それぞれの波長帯が同調して、あらゆる現象を作り出しています。日々の活動はこの真言と共にあるのです。

祖霊さま感謝の真言の意義

祖霊さま感謝活動では祖霊さまへの感謝の真言を唱えます。この真言は自分自身が祖霊さまと通ずるためのルーティーン（作法）といえます。真言を唱え心穏やかにして、今日一日の願いと感謝の気持ちを伝えることです。

言葉は人間に与えられた大切な宝物です。人は人と共生し協動してしか生きられないようにつくられています。人と人が付き合うためになくてはならない手段がコミュニケーション（意見伝達）のしくみです。

その手段はいろいろありますが、その中で最も重要なものは「言葉」です。言葉は音の連なりです。言葉の重要性はそのまま「音」の重要性になります。音は宇宙大海原に通ずるエネルギーの波であります。祖霊さまへの日々の真言は私たちの心を伝える必須のしくみであり装置です。

ですから、祖霊さまへの感謝と願いの祈りは、言葉にしなくても通ずるという言い方がありますが、そうではありません。口に出して初めて、そこにエネルギーが生じ、言葉が宇宙にあるエネルギーと共振して、それに合った現象を生じしめるのです。

祖霊さまの真言は九音からなりますが、これは私たちが祖霊さまへの誓いの真言です。いつも祖霊さまとご縁が結び直されたことへの強い決意を自分に問いかけ忘れないようにするものです。

○祖霊さまの真言は一人より多くの人で声を合わせると効果が高くなります

祖霊さま感謝の祈りでは祖霊さまの真言は最も重要なものです。

なぜかと言いますと、あなたが発したこの真言は、祖霊さまのチャンネルを開けるための重要な手段となるものだからです。

日本では言葉に霊力があると信じられてきました。

霊力というのは今流で言いますと「エネルギー」ということであり「情報」ということでありま
す。

この真言は唱えることによって言葉のエネルギーに共振して、固有の現象を呼び込むことになります。言葉の大きさがエネルギーの強さだとしますと、一人で唱えるよりは多くの人と声を合わせて唱えることの方がエネルギーは強くなります。声を出せる場所がありましたら、そこで一緒に真言を上げてみる、身震いするぐらいのエネルギーを体験できます。

○ご縁結びの真言の発声をとことん行うと様々なとらわれが消えていく

祖霊さま感謝の真言は九音から成り立っています。

この真言は母音の中で「ン」や「ウ」で止まるもので、宇宙のエネルギーに同調し共振するものとなっています。この真言は日々の祈りに欠かせないものですが、この真言を別の形で活用しますと自分の自我の壁を越えるものとして使えます。

例えば、この真言を大声で唱えてみるということです。

昔、私が修行の頃によくやっていた方法です。ただ大声を出すと言っても今の住宅事情ではなかなか難しいものがあります。また、いきなり家で大声を出しますと家族に怪しまれることになります。ですから一番いい方法は車をお持ちの方は車の中でやってみることです。人は基本的に声を出すことは心身の安定に良いものです。やってみる価値は大いにあります。

○真言は口伝で伝授される

人類の歴史の中では、真言は口伝として伝授されてきました。

この本でも、祖霊さまのご縁結びの真言の重要性を強調してきましたが、本のどこにも実際の真言は紹介されていません。

皆さんが自己流にならないように、丁寧に伝える必要があるからです。また、真言は言葉の波長で伝えるものですから、活字で伝えるものではありません。「言葉の波動」と言っても良いでしょう。活字での紹介にはなじまないものです。それほど真言は大切なものです。

どうぞ、ご理解ください。いつの日かワークショップに参加されて、伝授を受けてください。

九、ヒトガタ（形代）

ヒトガタは漢字では「人形」「形代」と書きます。

文字通り「人の形」や「形のある命」のことです。

日本では、「モノには精霊が宿る」と考えてきました。

現代の科学における生命は恒常性のあるものだけを命としています。

ですから恒常性のない石やモノは生命とはみなされません。ところが日本では「すべてのモノに命が宿る」と考えましたので、恒常性のあるなしはあまり重要ではありません。

日本で言う「精霊」は、あたかも物理学で言う「エネルギー」のようなものです。

ですから、「すべてのモノにエネルギーが宿る」という理解ができます。

　私たちの意識もエネルギーとしての情報です。

日本ではこの意識は、どんなモノにも「くっつける」ことができると考えてきました。

今回ヒトガタを祖霊さまとのご縁の結び直しに用いたのは、まさに祖霊さまへの感謝の気持を伝えるアイテムとしての役割であります。

　ヒトガタに感謝のおもいを託するというわけです。

○ヒトガタの役割はどういうものですか

祖霊さまとのご縁の結直しのワークショップではヒトガタを重要な材料として活用していきます。これは私たちの意識の働きをわかりやすくするためのアイテムということであります。ワークショップでは、あなたの祖霊さまへの感謝の気持ちをヒトガタに込めていく作業を行います。

日本には「モノに心を宿す」という世界観があります。

「意識はモノに宿すことができる」ということです。この考えが雛人形や神社での形代（カタシロ）となって残されています。

ヒトガタは、みえない祖霊さまの存在をみえる形にして、そのヒトガタに祈るというしくみです。形のないものよりは、形のあるものの方が私たちの意識がイメージしやすいからです。ヒトガタは、誰でも簡単に祖霊さまのイメージを持つことのできるアイテムです。

○ヒトガタに祖霊さまへのおもいを宿す

同じ繰り返しになりますが、もう一度ヒトガタのしくみを説明しておきます。
日本ではモノには生命が宿るという考えがあります。
これを精霊信仰といいます。

精霊とは今流に言いますと「エネルギー」のことです。

それは同時に「モノに精霊を宿すことができる」ということを意味します。良いものも宿すことができますし、悪いものも宿すことができるということです。三月三日のお節句のお雛さまは、親が子を見守るという気持ちをお雛さまに宿し、託したものであります。

祖霊さまとのご縁の結び直しのワークショップでは、ヒトガタへ祖霊さまへのおもいや魂や霊を宿して感謝の結び直しの儀式を行っています。ヒトガタは祖霊さまそのもの、ヒトガタはあなたをすべての災いから救ってくれる存在です。

十、子孫のために祈る

日常の祈りは原則として、自分に関する事柄が中心となります。

これは仕方のないことです。

日頃、自分以外のことに思いを巡らせるということがないからです。

しかし、祖霊さまのしくみを知りますと、祈りは、自分だけに関することだけではなく、家族や周りの関係者のためにも必要な作業ということが解ってきます。

特に、子や孫のある方は、あなた一人の人生ではなくなっています。

あなたから下四代の玄孫（やしゃご）にあたる子孫が平穏で安らかに暮らせるように祈ることが求められてきます。


幸せの花を咲かせるということは、あなただけのテーマではないのです。

子や孫にとっても幸せの花が大輪となって開花するように、水をやり育てていくのもあなたの今生での役割なのです。

○未来の幸福への礎

人は上四代三十名の祖霊さまから今日の自分の身体を頂いています。上四代は十六名いますが、それは、横並びで見ると、全くの赤の他人です。この十六名から四代下っていきますと、そこから血のつながりの子孫が誕生します。

この四代下って現れる五代目の子孫のことを考えますと、今の人々が争わずに平穏のままに付き合っていくことが求められています。それは時空を超えて、人に害を及ぼさない生き方です。

自分だけよいという考えは、この祖霊さまのしくみでは成り立たちません。ですから、今、自分は幸せでも地球のどこかで苦しんでいる人がいますと、その人は未来の子孫の祖霊さまであるかも知れないということであります。

○今のあなたは下四代の子孫まで守る責任を負っている

祖霊さま三十名図から、あなたの立ち位置をみますと、あなたから上四代の三十名の祖霊さまから影響を受けていることが解ります。

下に目を転じますと下四代まであなたが今後かかわる子孫ということになります。

日本ではあなたから上四代、あなたから下四代とあなたを含めて九代のご縁を「四海皆九族」と言います。家族のご縁の大切さを伝えているのです。

あなたは今、祖霊さま三十名図からしますと、せいぜい自分の上二代と下二代ぐらいまでしかイメージできていません。上の四代前からいろいろ伝えられたことや、今後、四代後の未来の子孫の登場や子孫への影響など考えたこともありません。

子孫への四代の流れを考えますと、あなたは下四代までも見守る責務があるのです。

実際の下四代の見守りはあなたが祖霊さまの位置になった時に発生しますが、あなたが生きて人生を歩んでいる間は、子や孫をおもいやる気持ちが「守る」という行為になります。人をおもいやる心を子から孫へと伝えていく作業があなたの責務となっています。

あらためて言いますが、あなた自身の生き方というテーマで考えますと、やはり、家族をおもいやる心を育むことが求められます。子孫への責務というのはそういう人になるということです。

○水子となってしまった子に感謝と償いの祈りをする

人生では、やむにやまれずに身ごもった子を水子としてしまう場合があります。それは人それぞれの人生ですから第三者がとやかく言うことではありません。ただ、あとの対応は重要となってきます。

日本の生命の信仰では、体に宿した瞬間に「命」となります。オギャーと体外に産まれる前であっても命は命です。まずはこの失われた命も命として認めることが大事です。あなたに水子となった子があれば、子や孫とのご縁の結び直しの作業のときに一緒に結び直しをして感謝の祈りを捧げてください。上四代の祖霊さまがあなたを守る存在でありますが、同じように水子もあなたを守る存在です。水子も同様にあなたを守る役割を担っているのです。

○子孫を一人ひとり振り返りながら愛情を深めていく

祖霊さまの結び直しの作業は、自分の下一代からの子孫とのご縁の結び直しへの第一歩であります。祖霊さま三十名のご縁結び直しの作業が終わりましたら、次に三つの作業をお願いします。

一番目は、配偶者のいる方は、配偶者に対するご縁結び直しです。結び直しとは感謝する行為ですから、相手とこの人生で出会えたことを喜び感謝するということです。ワークショップでも配偶者を振り返る作業が準備されています。

二番目は、配偶者側の祖霊さま三十名の皆様とのご縁結び直しです。

三番目は、あなたの子や孫や嫁や婿へのご縁結び直しです。

この作業では、子や孫に出会ったことに感謝できる自分の姿を確認してほしいのです。実際のワークショップでは祖霊さまと同じように一人ずつ、その人のための時間を設け、その人を思い、その人との出会いに感謝できるようになっています。

下一代からのワークショップは、同時に今後の人生において自分自身が上四代の祖霊さまと同じ役割を担うことになるという強い確信を育むプロセスでもあります。

○子や孫のために祖霊さまの話を残しておく

祖霊さまのご縁結び直しのワークショップをして気づいたことは、いかに上四代のことは知らないかということです。

私たちが知っているマックスはせいぜい祖父母ぐらいまでです。

あらためて子孫のために自分が知っている上二代の祖父母までの情報を残していくことの重要さを痛感します。あなたにとっての上二代は祖父母ですが、ここまでなら少し祖父母の思い出があります。両親が生きている間に両親からすると上二代は自分からすると上三代にあたります。おじいさんやおばあさんが生きていましたら、その上二代の話が、あなたから見る上四代の人です。

関係者が生きている間に祖霊さまの情報をまとめておく、これが下四代へ伝えるメッセージになります。

あなたの役割は今、あなたが祖霊さまの情報を集めることです。この際には、男性側だけでなく、女性側の情報も聞き取ってください。そして、自分の「姓」に関係する祖霊さまだけでなく、母の実家の祖霊さまのことも残しておいて下さい。

〈大切な作業〉


子や孫のために、あなたの両親より上の方の情報を集めておくことが大切です。

子や孫のために、あなたの両親や祖父母の人柄や半生を語ることが大切です。

○子のいない人の使命と役割

祖霊さま感謝の作業と活動は、二つあります。

まずは、あなたの上四代三十名に感謝する活動です。次に、祖霊さまから生きる上に必要なパワーをいただく行為であります。

この二つの作業と活動は、子孫を残している否かには関係ありません。

あなたから下四代への作業はどうでしょうか。

私たちは自分から見て下四代までを守る役割があります。その意味では、子や孫がおりませんので、一見すると、この役割がないようにおもえます。

しかし、この世に生まれて活動するという意味では、祖霊さまとの関係で未来に一族の思いを継承していくという使命と役割には変わりはありません。この場合は自分の兄弟姉妹に子や孫がいる場合には直接の親と同じように自分の甥や姪を支える使命を担っています。祖霊さまのさまざまな思いを伝えるというのは大きな「層」としての流れであり継承なのです。

子のいる人といない人の祖霊さまに対する責務には少しも差がありません。祖霊さまと共に生きる、ということは同じ祖霊さまから派生した兄弟姉妹の流れをも支えるということであります。「一族相和する」という言葉は、人は一人では生きていけない、家族と共に生きていく、家族が生きるためには一族として生きていかねばならないという意味です。

〈大切な行為〉

日頃から、兄弟との付き合いを密にし、甥や姪をかわいがっておく。

○子供たちに結び直しと日々の感謝活動をさせてみる

親おもいの子供に育てたいならこの結び直しのワークショップが一番です。なぜなら、自分の祖霊さまへのおもいが明確になるからです。その子は、その後の人生をどうやって生きればいいかがわかってきます。

親おもいの子供は人をおもいやる人になります。

子育てをどうすれば良いかに悩んでいる親はたくさんいます。

そのときにこの結び直しのワークショップを活用するということです。小学四年生ぐらいですと祖霊さま三十名を一人一人おもいやる作業ができるはずです。この祖霊さまをおもいやる作業はどんな子育てよりも重要です。親おもいの子に育てる最高の作業になります。

私たちは親とご縁をいただいてこの世に生を受けました。

しかし、私たちは親とのご縁は当たり前と思っていますので、親に感謝することがほとんどありません。結び直しのワークショップは親との深いご縁を知って本当の人生を歩むための第一歩になるものです。これが子育てとしてやるべきことであります。

〈大切な言葉〉

子供に祖霊さまとのご縁の結び直しをさせてみると、その日から親おもいの子供になります。

十一、家系図を作ってみる

家系図を作ってみましょう。

祖霊さまとのご縁結び直しが終わりましたら、あなたの家の家系図を作ることをすすめます。この家系図の良い所は、単に上四代三十名の直系の祖霊さまだけでなく、祖霊さまを支える兄弟姉妹の情報がわかるようになっています。

祖霊さまはいろいろな人のご縁で生きていた、ということが視覚的に納得できます。

家系図を作るにあたっては、心相科学の計算方法や基本的な情報の見方を学んでください。難しい理論ではありませんので誰でも簡単に学べます。当出版社から出ています『数字と色が人生を変える』という本は、初心者でも理解できる内容となっていますのでご利用ください。

第四章　毎日の実践感謝活動のすばらしさ

幸せの花を咲かせましょう

第四章　感謝活動のすばらしさ

幸せの花を咲かせるには、毎日の感謝活動しかありません。

幸せの花は、毎日の水やりにすべてがかかっています。

水やりとは、毎日の感謝の気持ちです。

生活や仕事で出会い、世話になる人への感謝する心を大切にするのは当然として、見えない存在としての祖霊さまへの感謝のおもいを大切にして祈りに託することです。幸せの花を咲かせる活動は「実践」です。

どうぞ、毎日の感謝の祈りの活動を続けてください。その行為は必ず祖霊さまに通じ、天にも通ずるものです。

一、日々の祖霊さま感謝活動への感想

祖霊さま感謝活動を続けて十年の歳月が過ぎました。

この十年間、ごく少数の方々にこの祖霊さまのすごさを伝え、ワークショップに参加していただき、日々感謝活動の実践に参加していただきました。

十年というのは長い時間です。参加した皆さんが本当に毎日続けてくれるだろうか、はじめは少し不安もありましたが、私の思っている通りに多くの人が十年も続けてくれました。

皆様に感謝です。心から御礼を申し上げます。

〈日々の祖霊さま感謝活動の感想〉

①十年続けられて自分でも驚いています。いろいろなことが祖霊さまのおかげで実現し、苦しいときにも助けられました。
②三十名の祖霊さまには本当にいつも勇気づけられています。
③日々の感謝活動は、もう生活の一部になっていて、やめるわけにはいきません。
④事業の苦境も祖霊さまのおかげで救われました。今は事業も順調です。
⑤毎日自分を守ってくれるのは、祖霊さまだということを実感します。
⑥祖霊さま感謝活動が運を良くすることだと実感しています。
⑦長年患っていた病気が改善されて健康になりました。
⑧自分の体は自分だけのものではないことを知り、健康に気を付けるようになりました。
⑨人の出会いは祖霊さまが導いていることを知り毎日感謝しております。
⑩毎日の感謝の報告とお願いの祈りが習慣として定着しました。
⑪いろいろな争いが良いように解決しました。
⑫人と良い出会いを沢山いただきました。
⑬家族や社会に対する人を見る目が優しくなりました。

⑭願い事を続けていましたら結婚相手に恵まれました。

⑮幼児のときに別れて消息不明になっていた父のお墓を見つけることができました。

⑯事業で苦しんでいた時に、昔、父にお世話になった人から助けてもらいました。

⑰祖霊さまにお願いしているのでトラブルことが少なくなりました。

⑱争っていた兄弟の仲が良くなりました。

⑲感謝活動を続けているおかげで会社の業績がどんどん上がっています。

二、毎日の祈りと習慣化

毎日の感謝活動は、習慣化の活動です。

何事も習慣化されて初めて、その目的が達成されるものです。

「想う」→**「行動する」**→**「あきらめない」**→**「達成」**という流れです。

これは成功の普遍的な法則です。

行動したことは、できるまであきらめないことが、やがて目指すゴールにたどり着けるということです。これが継続であり習慣化です。

幸せの花を咲かせるためには、この普遍的な成功法則の流れに乗らなければなりません。

祖霊さまとともに歩む人生そのものが幸せの花を咲かせることになるのです。

○祖霊さまへの感謝の祈りから今日一日が始まる

一日のスタートは祖霊さまへの感謝と祈りから始まります。

素直な心で「中心」に座して祖霊さまと対峙する。

少しの緊張感と安らぎに包まれて、祈りへの謙虚な気持ちが心地よい時間となって流れていく。

一日には始まりがあるということをこの祈りを通じて気づいていくのです。この朝の感謝の祈りの時間を持てば、もう今日の一日は良いことしかないということを知ることになりましょう。

「始めよければ終わりよし」ということであります。

それはそのまま祖霊さまへの感謝の祈りにも当てはまります。一日一回、真摯に祖霊さまと向き合い、自分の求めているものを祖霊さまにお願いする、このお願いは同時に今日一日の行動への「決意の宣言」にもなっています。


淡々と朝のルーティーンをつづけていくと、それが知らず間にあなたを良い運体質の人へと変えていくのです。一日の始まりには深い意味が隠されています。

〈大切な言葉〉

朝の感謝と願いの祈りの時間があなたを良い一日にするのです。

○人のために祈る

毎日の祖霊さま感謝活動での祈りは、前の日の感謝の報告と、その日の願い事への祈りから成り立っています。

祈りは、習慣化の作業であり行為ですので、祖霊さま感謝活動を長年も続けている方も、こういった祈りをしているはずです。

確かに、自分と祖霊さまとの関係だけでよければ、その祈り方で良いでしょう。

しかし、私たちが「生きる」というテーマからしますと、人のためになることをテーマとしなければなりません。

皆様には、毎日の感謝ノートを記していただいております。ここには、九つの願いのスペースがあります。これは、あなたの願いの他に、人のため、社会のためになることを祈ってほしいという思いがあって設けているのです。

家族や友人知人、親子は当然として、例えば東北太平洋大地震で被災した方への復興の祈り、大雨や台風の被害やコロナ禍で苦しんでいる世界の人々への思いなど、心を一つにする行為に対して祈ってほしいのです。祖霊さまをおもいやる心を、人をおもいやる心へと育んでいく、これも大切なことなのです。

○家族間のそれぞれの対立では、相手のために祈ることが大事です

血のつながりのある家族は、社会共同体として支えるためのしくみであります。

しかし、ときにはご縁が深いだけに反発する力も大きく作用する場合があります。

争いごとが起こりますと赤の他人よりも血のつながりのある家族の方が深刻な状況に追い込まれます。赤の他人の争いは無視して関わらなければそれで済みますが、家族の場合にはそうはいきません。法律などで扶養義務も課せられています。

人は一人では生きていけない生きものです。

ですから一人の人間が成長し独立して生きていけるようにと家族を与えられています。同時に、老いて旅立つときは看取りを家族に託しています。社会共同体というのは支え合って生きるしくみになっています。

祖霊さま三十名のしくみは、ある意味では祖霊さま三十名＋自分一名の社会共同体であります。だからこそ、この社会共同体が円滑に機能していくには、今、こうして現実界に存在しているあなたが祖霊さまにご縁のある家族として、どう付き合っていくかが重要です。

祖霊さま感謝活動の実践の中では、祖霊さまが喜んでくれるか否かがすべての結論です。

ですから家族間での争いは、最も祖霊さまが悲しまれる行為になっています。祖霊さまに喜んでいただくために、争っている相手を許してください。ご縁をいただいたことへの感謝の気持ちを持ちましょう。そうすると運の流れが途端に良くなっていきます。

○日々の祈りは人のためにも大切な行為です

人の祈りというのは、ほとんどが自分のことについてです。

この祖霊さまへの願いは、基本的には個としての自分の願いをかなえるためのしくみですから、決して悪いわけではありません。

ただ、祖霊さまとの関係で言いますと、あなたが人間として成長していく姿を求められています。人が成長するには「人のために生きる」「人の幸せを祈る」「おもいやる心を育む」という行為でしか手に入らないものです。

その意味では私たちの日々の実践はどれだけ多くの人のためになることをしたかということにかかっております。あなたの毎日の願いのための祈りに人の幸せを願うということを加えることによって知らず間に人をおもいやることのできる清らかな心が宿ってきます。


〈大切な言葉〉

人が成長するには「人のために生きる」「人の幸せを祈る」「おもいやる心を育む」という行為でしか手に入らないものです。

○日々の習慣のしかた

祖霊さま感謝活動は祖霊さまへの感謝の気持ちを表し、日々持ち続けるための習慣としての活動です。

私たちは日々の生活の中で祖霊さまに生かされて生きているということを忘れがちになります。

ですから毎日のルーティーンとして感謝を想念し言葉として唱える作業が必要になってきます。

この習慣化の作業は「良い運」を常に自分に引きとどめておく作業でもあります。日々の習慣化が意識の力を強める唯一の方法です。平安を手に入れることにもなります。

〈大切な言葉〉

成功の普遍的な法則とは
「想う」→「行動する」→「あきらめない」→「達成・実現」という流れです。

○一つだけ習慣化できるものを持つと人生が変わる

人というものは何か一つでも習慣化ができるものを持つと、その行為がありとあらゆる開運の始まりになります。

食事をする、眠るというのは、本能的なものですから、ここで求められている「習慣」とは違います。

習慣とする行為には、自分の意思の力が必要です。

習慣化は継続することですから、この継続は簡単のようでいて意外と難しいものがあります。

物事を成し遂げるためには成功の普遍的な法則というものがあります。人の行動はまず「想う」ことから始まり、その後は、実現に向けて「行動」し、「できるまで続ける」と「達成」という結果が得られるという原理です。

あなたに、祖霊さま感謝活動をすすめるのは、正に、その習慣化があなたの今の人生を変える力になるからであります。毎日の祈りは、簡単で単純な行為ですが、継続する上にはなかなか難しいものがあります。

毎日の祈りを習慣化する、そこにあなたの全ての人生成功の答えが隠されています。

〈大切な言葉〉

一つだけ習慣化できるものを持つと人生が変わる

三、感謝のノートの書き方

感謝活動の最大の武器は、この感謝ノートです。

このノートは毎日の感謝と願いが書けるようになっています。ちょうど一カ月で終えるようなページ数になっています。

感謝活動を習慣化するという意味は、この感謝ノートに記述する作業という意味ですが、ほとんどの方が途中で挫折してしまいます。書く作業をしなくなりますと同時に祈る作業もやらなくなります。この感謝ノートを書き続けられるかどうかが感謝活動を続けているかの目安にもなっています。

どうぞ、毎日の感謝ノートの記述を楽しみながら行ってください。

習慣化しますと逆にやめるわけにはいかなくなります。そうなるとしめたものです。

何事も三カ月が目安と言います。三カ月は続けてください。そこから新たに見えてくる世界があります。

〈大切な言葉〉

幸せの花は百日（三か月）で花を咲かせます。

○昨日の感謝としての感謝ノートの書き方

祖霊さま感謝ノートは、感謝の記録として書き留めることと、日々の願いの祈りを書き留めるという二つの目的でなされるものです。

祖霊さまへの毎日の見守りへの感謝の記載について少し説明をしておきます。

祖霊さまへの感謝の気持ちは、本来、心の範囲のテーマですから、基本的には記録する必要はありません。ただ、毎日の足跡という意味では、そのときどきの記録として書き留めておいた方が良いでしょう。

人と出会ったことへの感謝、いろいろな処理すべきことが良い方向に片付いたことへの感謝など書くことは沢山あります。

書く内容は、今までの経験からしますと、重要な事柄はだいたい三つぐらいでしょうか。

人は自分の中で知らず間に優先順位を決めていますが、それで良いでしょう。あとはスペースがある分、さまざま感謝の祈りを行ってください。


〈大切な言葉〉

毎日の感謝する心がチャンスを運んできます。

○今日の願いとしての感謝ノートの書き方

祖霊さま感謝ノートの二番目の記録は、今日一日の願いです。

これは、本当の意味では記録ではありません。

祖霊さまに対するその日のお願いとそれを実現することへのあなた自身の決意の宣言です。

感謝の記録と同じように願いも実際に書いたものが実現しやすいものです。書くという作業はあなたが今、何を求めているかというあなた自身の気持ちの整理につながります。そして、願いが実際にどのように実現されていくかという過程が解ってきます。とりとめのないメモ的な記述であっても書く作業が今日一日の決意になり実現の力を呼び寄せるというわけです。

この願いでも重要な事柄を三つ挙げることが良いでしょう。

ここでも重要性や緊急性という基準に照らし合わせて優先順位を決めておくと良いでしょう。私たちの日々の願いというのはだいたい三つぐらいで収まるものです。あとは自分のことだけでなく家族や友人知人のことも祈ってください。そして、自分の徳を高めるためには多くの人々の幸せも祈りましょう。

〈大切な言葉〉

願いは書くことによって確実になります。

○毎日の「感謝ノート」の重要性

祖霊さまとのご縁の結び直しの作業の意味は二つあります。

一つ目の作業は、今まで当たり前と思っていた祖霊さまとのご縁をもう一度結び直すということであります。それは実際には一人ひとり感謝することによって結び直されていきます。

二つ目の作業は、祖霊さまから生きる上でのパワーをいただき日々の生活の中にそれを活かしていくということであります。

あなたが未来に向かって活用するという意味では、二つ目の祖霊さまからパワーをいただく作業が重要のように思えますが、しかし、それは一つ目の感謝の行為を前提としてしか手に入らないものです。

毎日の祖霊さま感謝活動は、いただいたパワーを日々の生活に活かすための実践であります。

感謝ノートを書くことは、日々の感謝活動の記録でもあります。

感謝ノートに記録しながら、日々祈りの力を強化していくということであります。

感謝ノートの記録を残すということですが、これは実際にはなかなか難しいものであります。

何年も「書く」という作業はそれなりに時間を要します。中には書く作業が苦手な人もおります。

実は、祖霊さまへの日々の感謝と願いの祈りは基本的には記録をしなくても心の中で願っても、口に出してみるだけでも、その効果は同じです。

しかし、多くの成功法則から導き出された結論としては、書く作業が続いている人の方が、願い事が叶いやすいということが解っています。書くことは自分の日々の活動への視覚的な確認でもあるということになります。

四、願いが叶う祖霊さまへのお願いの仕方

願いというのは叶わないと願いの意味がありません。

私たちは苦しい時の神頼みという言葉通りに、何かに悩んだり、何かを願ったりするときに神仏にお願いすることになります。しかし、その願いはほとんどが実現しません。

ただ、結果はともあれ、一瞬でも「叶うかも知れない」という気持ちの時間があるだけ心に安らぎがあります。

祖霊さまへの願いはどうでしょうか。

実は、多くの方が感謝活動を十年も続けている理由は、祖霊さまへの願いが実現しているからです。

人というのは、自分にメリットのないことはやりません。

自分の行動に何かしらの成果があると思うからこそ毎日の行動として続けられるものです。

そうは言っても、祖霊さまへの願いには個々の願い方があります。この願い方をあらかじめ押さえてから始めますと落胆せずに楽しく願いの祈りができるようになります。

○願いが通ずる祈りのしくみ

祈りには通ずる祈りと通じない祈りがあります。通じない祈りをしても時間のムダというわけです。通ずるか否かは「意識」の問題です。祈る際にどのような意識になっているかということです。そして、ルーティーンとしては祈る作法や儀式も必要です。祈りの力を強化することは、イメージする力を強化することを意味します。

まず本当に祖霊さまが願いを叶えて救ってくれる存在であるかをどれだけ信じているかにあります。信じていないことは現象化しません。祖霊さま感謝活動は祖霊さまの解決する力を信じています。そして願ったことに対して、「必ず祖霊さまが良いように解決してくださる」という気持ちです。そのような気持ちを日々の生活を通じて育んでいくということが大切です。

〈大切な言葉〉


通ずる祈りと通じない祈りがあります。

通ずる願いの祈りは、あなたが本当に信じて祈っているか否かにかかっています。

○毎日の習慣としての感謝と願いの祈り

苦しい時の神頼みという言葉があります。

私たちは日頃自分の意思で自分の力で生活をしていると思っています。したがって自分の意思で処理できるときに、他者への依存は生じません。苦しい時のみに祈りが意味を持っています。

しかし、本当の行為は、日々の存在そのものへの祈りであります。祈りの力は日々の継続した習慣の中から育まれます。祈る力を日々高めていく作業が求められています。

○本当に願いは叶うのですか

人はなぜ祖霊さまへの感謝のしくみを実践し、日々を生きる指針とするのでしょうか。人は行動の良し悪しとは関係なしに「損得」で生きるようになっています。損得とは「心地よさ」という意味です。多くの人が祖霊さまとのご縁の結び直しのワークショップを受講し、日々感謝活動を続けられているのは、他ならぬそれぞれが祖霊さま感謝活動にメリットを感じているからです。毎日の祖霊さまへの報告と今日のお願いを通じて、本当にそういった、目には見えないが私たちを守ってくれる存在を間接的に体験するからであります。

そして、日々の生活における心の安らぎは、「祖霊さまに守られている」という思いに支えられていることに気づかされます。

「願いは必ずかなう」という確信のもとに、日々の祖霊さまへの感謝活動を続けています。その思いは現実には自分が願う目的を達成に導く行動へとつながり、自分の確信や信念をゆるぎないものに変えていきます。

そもそも「願い」というのはその人の意識の手中にあるものなのです。

○本当に祖霊さまは願いを聞いてくれるのですか

日々の感謝の祈りには、昨日の「感謝の祈り」と今日の「願い事の祈り」の二つがあります。

昨日の感謝の祈りは、事後的な祈りですから、あなた自身も淡々と行うことができるはずです。

しかし、今日の願い事の祈りは、願ったことが実現するか否かの結果を突きつけられます。

人というのは、願ったことがそのまま実現すれば、願いの意思の力や祖霊さまに支えられているということを信じることができますが、思うようにいかない場合には、「本当に祖霊さまは願いを聞いてくれるのだろうか」「本当に存在するのだろうか」という気持ちになってしまいます。

その時に求められるのが「信ずる心」です。

どんな時でも「信じる心」が強ければ、必ずそれは結果として現れるものです。

人生と言うのは、いつもこの「信ずる心」を求められ試されています。

信ずる心の強い人は、あらゆることを信じることから始めます。結果は、信じているから当たり前に想いが実現していくという流れになっていきます。

本当に願いが実現するか否かは、どれだけあらゆることを信じきれるか否かにかかっているといっても過言ではありません。まずは信ずる自分作りから始めましょう。

〈大切な言葉〉

「信じる心」が強ければ、必ずそれは結果として現れるものです。

○「祈りは願いへの決意の宣言」という意味

祖霊さま感謝活動では、祈りは願い事のお願いでありますが、同時に願った事柄への実現に向けての行動の「決意の宣言」であります。

祖霊さまへの願い事というのは、単に他力的に祖霊さまに頼るということではありません。自らがやるべきことをあらゆる角度から検討し、「できることは何でもやる」という決意の宣言であります。「言ったことは何が何でもやる」という成功法則の一つの行為ということであります。

ですから日々の祖霊さまへのお願いの裏には表裏一体として自分のなすべき行為を求められているということになります。そういうことで「人事を尽くして天命を待つ」と同じ意味で「人事を尽くして祖霊さまの解決を待つ」ということになります。

「決意の宣言」は日本の文化で言いますと「言挙げの法則」のことを言います。

言挙げとは、文字通り「言葉に出す」という意味です。ただ、単に言葉に出すことではありません。言挙げは「言ったことは何がなんでもやる」という行動へのあきらめない姿勢を要求しています。ですから日々の祈りは言挙げすることによって実現へと向かうことになります。

〈大切な言葉〉

「言ったことは何がなんでもやる」　良い運体質の人の行動鉄則です。

○祖霊さまはあなたの願いをあなたの人生に良いように導いてくれる

祖霊さまにお願いしたことが実現するしくみは面白いようになっています。

一般的には「実現する」ということは、そのまま願いが百パーセント実現することを意味します。しかし、祖霊さま感謝活動における自分と祖霊さまとの関係は全ての見えない世界のしくみを知り尽くしている祖霊さまに、「未来が良い人生になりますように」と、今の懸案事項の処理を投げかけるということにあります。ですから、願いのポイントは、願い事の処理を祖霊さまにお願いして、あとの処理はすべて祖霊さまにお任せするということであります。

では、願い事はどのように処理され解決されていくのでしょうか。

この祖霊さま感謝の願いの行為は実は「お願いした瞬間に実現している」というしくみになっています。

ですから実現しない願いは理屈的にはありえないということになります。あとは祖霊さまの判断で、例えば一般的に三十パーセントの実現であっても、それは本人であるあなたにとって、それが最大の処理としての結果を示してくれていると理解します。あるときには一見、願い事が全く実現していないように見える場合もあります。しかし、それさえも「願った瞬間に実現している」という大原則からすると「実現している」と理解することになります。

こういうしくみを信じさえすれば、世間で言う実現したかどうかはどうでもよいことになります。祖霊さまはあなたのために良いようにしか処理しないからです。

〈大切な言葉〉

祖霊さまの願いの特徴は、「お願いした瞬間に実現している」ことにあります。

○多くの人に対する感謝は書くことから始まる

私は相手の人に会う前に感謝の気持ちを先に述べておくことを薦めています。

「～様、良い出会いをいただきありがとうございます」これを朝の祈りの際に唱えるということです。今日出会う人が複数人いますと、その分だけこの言葉を唱えてください。これも祈りの原理ですから、祈った瞬間に相手との関係が良くなります。あとは形として出会って目的を遂行するということになります。出会う前にその人と良い関係になっていることは素晴らしいことです。

出会う人に対するおもいは、単に口で唱えるだけなく、心で念じても良いのです。

そうは言っても、理想は「祖霊さま感謝ノート」に書くことです。

毎回の感謝の言葉を記入するフォーマットの定型用紙があれば便利です。書く作業は願いが視覚化されますので意識の深層に刻まれ、結果としてより効果が高くなってきます。毎日、外に出かける際にもこの用紙を持ち歩き、必要に応じて使っていくということです。この用紙は「実現の祈り」です。朝の感謝ノートに実現の祈りの文言を記入することが基本ですが、個々には人と出会う上では「実現の祈り」に記入することが効果的な場合もあります。

○願いの言葉は「実現した」という前提で祈る

毎日の祖霊さま感謝活動における感謝の祈りは全て「願ったものは実現する」ということを前提に行われるものです。ここが通常の祈りとの違いです。

通常の祈りですと祈った後に世間一般で言う実現度を問われます。百パーセントであれば願いが叶ったことになり、二十パーセントだとかなわなかったと評価します。そこにおいては実現したか否かという二者択一の評価として処理されていきます。

しかし、祖霊さまへの祈りは、「祈った瞬間に実現する」という原理ですから、二者択一を求められることはありません。

ですから、毎日願ったことが実現しているということになります。

これは心が大変楽であります。願ったことの実現の有無を気にしなければ一喜一憂することもありません。

多くの人の祈りについての質問は「祖霊さまに祈っても何も実現しない」「ほんとうに祈りは実現するのですか」ということです。

しかし、これは既存の多くの祈りに過ぎません。

何度も言いますが、祖霊さまの祈りのすごさは「祈った瞬間に実現する」というしくみです。

ですから、祖霊さま感謝活動を積み重ねれば積み重ねるほど想いのままにいろいろなことが実現します。

「実現」というのは「成功」ということであります。

毎日「成功」を体験しているということになります。

実は、祈りというのは、祈りの想念が重要であって、世間で言う「結果」ではありません。言葉の祈りのエネルギーは、発した瞬間に宇宙のエネルギーと一つになるものです。

〈実現する祈りと実現しない祈り〉

一般の祈り	棚からぼたもち	実現の有無が気になる
祖霊さまの祈り	人事を尽くして祖霊さまに委ねる	祈った瞬間に実現する

○願いは自分がやるべきことへの「決意の宣言」です

朝の祖霊さまへの感謝の祈りは、一見すると、祖霊さまへのお願いのようにおもわれがちです。棚からぼたもちで一方的に救ってもらうための祈りと勘違いする人がいます。

しかし、本当の祈りは願いへの解決に向けて祖霊さまに自らの決意をのべることにあります。

「人事を尽くして天命を待つ」という言葉があります。

神仏へのお願いはお願いする側が最善の行動をして、その結果を天の意思にゆだねという意味であります。祖霊さまへの祈りも同じ意味です。朝の祈りは自らに突き付けた解決に向けての行動への宣言なのです。

日本では言挙げの法則があります。

「言ったことは何がなんでもやる」という法則です。

この朝の祖霊さまへの「決意の宣言」も同じ意味があります。このことを心にとどめて実践的な祈りをなされてください。


〈大切な言葉〉

> **毎朝の願いの祈りは「決意の宣言」です。**
> **「決意の宣言」とは、達成に必要なことはどんなことでもするという決意です。**

○祈ったことはどのように実現しますか

日々の祖霊さま感謝活動は、あなた自身の人生を幸せで豊かにするために行うものです。

ですから日々の祈りの中心は「願う」ということに占められています。そして、願ったことへのお礼として次の日に感謝の気持ちを捧げるのです。あなたにとっては願ったことが実現したかどうかは大変重要です。

ただ、祖霊さま感謝活動でいう「実現」というのは一般的な理解とは多少異なっています。一般的には願ったことが「そのまま実現する」ことを言いますが、祖霊さまへの願いでは「願った瞬間に実現する」という法則ですから、願ったことは百パーセント実現することになります。

それは後の処理（解決）は「祖霊さまが良いようにしてくださっている」という意味であります。また、実際には、そのまま実現する場合もありますし、一か月後に実現する場合もあります。それも祖霊さまが良かれとしての処理ということになります。

〈大切な言葉〉

祖霊さまへの願いでは、願ったことは百パーセント実現することになります。

○願い事の実現のしかた

私たちは日々神仏へのいろいろな願い事をすることがあります。

それは「願い事を叶えてくれる存在がある」という前提の行為といえます。「苦しいときの神頼み」は正に、そのような私たちの願い事の救いを求める心境をいいます。しかし願い事の力を信じていたとしても、実際の願い事が実現するプロセスやしくみを私たちは考えたことはありません。願って実現すると、ありがたいと思い、見えない力の存在を信ずることになります。

しかしそれは偶然に転がっているだけで、しくみを知っての行為とは言えません。

一方、祖霊さま感謝活動では、願いがどのように実現されるかが自からわかってきます。そして祖霊さまにお願いするということの意味と、それが実現されるか否かの意味もわかってきます。

○祖霊さまへの願いが実現するパターン

祖霊さま感謝活動を十年も続けていますと「願いの実現するしくみ」がほのかに見えてきました。

一般的には願いは「願って即実現する」と思われていますが、実際にはタイムラグがあります。

そこに質量の問題が生まれています。実現しない、させない理由も出てきます。そして、願い方の仕方の影響も出てきます。日々の実践の仕方も問われます。

この願い方からわかってくるのは、どれだけ祖霊さまの力を信じているか否かということに帰着します。「全てを祖霊さまに委ねる」という意識の状態になっているかということであります。それができますと、願い事は実現してもしなくても、祖霊さまに一生守られているという確信ができてきます。

○悩んだときには開き直って祖霊さまに運命を委ねてみる

日々の生活の中では、どうにもならずに苦境に陥ることがあります。苦しいときの神頼み、苦しい時の祖霊さま頼みでも全く状況が改善しません。

その時の心の持ちようが大事です。その時こそ開き直るということです。

「もう、どうにでもなれ」という気持ちになってみることです。

実は、この開き直りがあなたの第一歩です。そのときに一度、なぜ、自分は苦境に立たされているのか、少し原因を考えてみることです。何も原因がなくてつらい状況に立たされているということとは人生にはないからです。

思い出したくないことや、自分の性格のことやら、さまざまな原因を考えておくことです。

そして、次からは、決してそのような辛い状況に追い込まれることは避けよう、と決意することです。

実は、こういった極限状態から這い上がりたいという気持ちがあれば、必ず祖霊さまはあなたを救ってくださいます。

祖霊さまを信ずるというのはそういう意味です。日々の決意の祈りはあなた自身の改善への決意が求められているのです。

○祖霊さまへの日頃の願いが実現しなかった場合のとらえかた

私たちの日頃の経験として、神仏に願ったことは必ずしもすべてが叶うわけではないということを体験で知っています。では、祖霊さまへの日々のお願い事はどうでしょう。

「祖霊さまは願ったことを実現してくださる」これが原則です。

しかし、祖霊さま感謝活動を始めた当初は願いが実現しなかったことが多くありました。一度なら、また次に希望を持てますが毎日の願いの祈りが実現しませんとだんだんとやる気が失せてきます。

実は祖霊さま感謝活動をやらなくなった人の大半はこういったことがきっかけになっています。人間というのは願ったことが思うように実現すると、それは面白くなりますから毎日でも願う行為を欠かさなくなります。こういった気持ちに陥る原因を考えてみました。それは、祖霊さまへの祈りがどのように実現していくかのしくみをあらかじめ十分に理解していなかったことから起こったことでした。

祖霊さまへのお願いの祈りは不思議なものです。なぜかと言いますと「願った瞬間に実現している」ということがしくみになっているからです。祖霊さまに願うということは、世間の願いとは違います。「祖霊さま、私の今のお願いは〜です。つらいです。どうぞ助けてください」と祈ります。その願いは、今、自分が願っていることの解決を祖霊さまに委ねるということです。ですから、祈った後の処理は祖霊さまにお任せします。後は祖霊さまの判断であなたの人生のためになる処理をしてくれるということになります。

具体的な例として、このようなことがあります。

いろいろな支払いで百万円が必要という場合、願ったにもかかわらず工面できたのは三十万円でした。七十万円足りないので願いは実現しなかったのでしょうか。実は今回は三十万円で大丈夫、あとは七十万円に向けてがんばるようにと、あえて全額を実現させなかったと理解できます。
このように、「願った瞬間に実現している」と思ったとき、気が楽になります。

そして、毎日の祈りが楽しくなります。

祖霊さま感謝活動における祈りは「祖霊さまお願いします。あとは私の人生に良いように処理してください」ということです。

このことが解りますと逆に、おもしろいように願ったことが実現していきます。そして三カ月も続けますと、ゆるぎない祖霊さまへの確信が身についてきます。そうなるとしめたものです。もう毎日の祈りが人生に欠かせないすばらしい作業となっていくものです。

〈大切な言葉〉

> 祖霊さまへの祈りは「祖霊さまお願いします。
> あとは私の人生に良いように処理してください」ということです。

○相手との争いごとの解決は相手の祖霊さまに感謝してお願いする

私たちは日々人間関係の中で生活していますが、人間関係ほど面倒なことはありません。人は幾つになってもこの人間関係で悩まされます。

「人間は人間との付き合いの中で生きている生きものである」というのはそういった理由からです。

人間関係では法律上の裁判に発展するトラブルだけでなく、ささいな気持ちのずれという程度のものまで千差万別の対立や葛藤があります。その争いに対して、自分で解決できれば良いのですが、大体の場合、自分で解決できないからトラブルになっています。こうなると自分だけではどうしようもありません。

次に自分の悩みを聞いて適切なアドバイスをしてくれる方がいますと、その人に相談し助言を仰ぎます。しかし、それも実際には正しい解決になるかどうかは、なかなか難しいものがあります。

その時こそ祖霊さまの出番です。

結論から言いますと、祖霊さまに解決を委ねることです。

しかも、お願いする祖霊さまは、第一に自分の祖霊さまであることは言うまでもありませんが、相手がいる場合には相手の祖霊さまにも登場を願うことです。相手の祖霊さまにお願いする場合は、争っている相手と仲直りすることによって互いに良くなっていくことを祈ることが必要です。

○祖霊さまはあなたの願いを合図に解決に動くのです

祖霊さまの存在と役割は子孫を守るということにあります。

そうしますと祖霊さまはいつも子孫であるあなたを四六時中見守り手を差し伸べているという理屈になります。

これは神仏と人との関係にも似ています。

神仏も私たちを見守り支えている存在であると信仰では考えられています。しかし、神仏は祈りの行為を抜きにしては神仏のご利益は発生しません。祖霊さま三十名とあなたの関係も同じように考えられます。

祖霊さまはあなたを守る存在、あなたの願いをかなえる存在と言いましたが、それには一つの条件があります。その条件とは「あなたが求めた時に初めて救いの手が差し伸べられる」ということです。

私が、この関係に気づいたのは両親がまだ健在であった若い頃の話です。お金に困って、どうにもならずに田舎の両親に電話をしました。その時に初めて両親は息子が東京で苦しんでいることを知ります。翌日には田舎から送金があり助けられました。いつも親は子供のことを心配していますが、伝えないことには親も助けようがありません。

祖霊さまとの関係も同じです。今の自分の苦しみやお願い事を祖霊さまに伝えることから始まります。だからこそ朝の祈りが重要なのです。

〈大切な言葉〉

祖霊さまへの解決の願いは、願わないと伝わりません。祖霊さまは、あなたがお願いするのを待っています。

五、家族を守る「中心」の重要性

日本では家庭においても職場においても「中心」というものを大切にしました。中心は文字通り家や職場の中心となるものです。

祖霊さま感謝活動は日々の感謝と願いの祈りがメインの行為です。

この行為はあなたが定めた「中心」に向かってなされるものです。あなたの家に、この「中心」があるか否かが運命の分かれ道になっています。それほど重要なものです。

ここでは「中心」とは何かを見ていきましょう。

その必要性がわかりますと、「中心」のない家などありえない、という気持ちになってきます。

○祖霊さまへの感謝の祈りの場として「中心」をつくる

皆様に毎日の祖霊さまへの感謝とお願いの祈りをすすめています。

私自身もこの十年間、毎日欠かさずに祖霊さまに祈っています。「祈り」という時には、礼拝対象や礼拝場所が必要となってきます。

本来、祈りというのは、場所は問わないものです。

祖霊さまはいつも、いかなるところにおいても、あなたと共に存在するからです。

ですから、あなたが祈りたい場所でいつでも祈りをささげることができます。これが祈りの原則です。この意味では、特段に礼拝対象や場所はいりません。

しかし、そうは言ってもどこでもいいというわけにはいきません。

例えば、トイレや台所で祈るというのでは気持ちが乗りません。人が神社仏閣に詣でるのは、そこが気持ち的に祈りの場所にふさわしいと認めているからであります。その意味では、あなたの家や会社でも祈る場所が必要です。

その祈る場所こそがあなたの運を良くする「中心」です。

家には「中心」が必要です。家は「中心」を柱として家の運を整えています。仏壇や神棚のある方はそこが「中心」です。

しかし、最近の多くの人は、仏壇や神棚を持っていません。その時こそ、あなただけの祖霊さまの祈りの対象として祖霊殿を創ることをお薦めします。

○あなただけの「中心」としての祖霊殿をつくる

あなたの祖霊さまへの気持ちを伝えるために、「中心」をつくってみましょう。

「中心」があると感謝の気持ちがより一層、祖霊さまに伝わります。「中心」はあなたと祖霊さまをつなぐ窓口となるものです。窓口を通して日頃のあなたの感謝と願いの気持ちが情報として伝えられるということです。

最近は、特別に神仏を招聘して祈るということをしなくなっている人が多くなっています。

そこで、あなただけのオリジナルな礼拝対象としての「中心」をつくることをすすめます。祖霊さまへの祈りの場所ですので「祖霊殿」と名付けておきます。祖霊殿の祈る対象はあなたがそこに向かって礼拝することに抵抗がないものならどんなものでも構いません。昔のような神仏なら仏壇や神棚というような決まった対象でなくても良いでしょう。あなたのお気に入りの写真や絵や置物の方が違和感がなくて良いでしょう。また、あなたの手作りのヒトガタでも良いでしょう。自分で作ってそこに祖霊さまの御霊を招くことです。その祖霊殿が家の中心となり、今後の人生を豊かなものにしていくのです。

○家の「中心」は祖霊さまへの祈りの窓

昔から「家には中心が必要」と言われてきました。「中心」というのは文字通り家の運を司る処、祖霊さまと通ずる窓という意味です。正に家というのは、この「中心」の場所を家の柱として回っています。この「中心」を定めない家は運が逃げていき様々な災いが生じ、やがては、一家は滅んでしまうと考えられてきました。これほど「中心」の果たす役割は大きいものです。

では、家における「中心」とはどこを指すのでしょうか。

今までの生活様式の中では、それぞれの家にある仏壇や神棚がそれにあたります。

若い頃を思い出してみましょう。

朝起きてみますと、両親や祖父母が仏壇や神棚の前に座って今日の祈りをささげて一日のスタートが始まりました。家に何かあると仏壇の前で祖霊さまに相談し助けを求めました。子や孫が学校を卒業して帰ってくると、その卒業証書は真っ先に仏壇に飾られ、祖霊さまに卒業を報告しました。旅から戻ってきたときにも一息つく前に仏壇の祖霊さまへ戻ったことを報告し手を合わせることが先でした。

毎日の祖霊さま感謝活動も同じです。

日々の祖霊さまへの感謝のご報告と決意の宣言は、家の「中心」を通して祖霊さまに行われるものです。実際に家の「中心」を意識して生活を始めると途端に心が安らかになり、祖霊さまと通じ合う気持ちになります。私たちは日々いろいろな悩みの中で生活しています。こう言ったときこそ祖霊さまの出番です。喜びも苦しみも「中心」を通じて祖霊さまに報告し相談しお願いする、ここに祖霊さまへの感謝の実践活動があります。

では、家に仏壇や神棚がない人はどうすれば良いのでしょうか。

「中心」はそんなに深く考える必要はありません。

今までの習慣で仏壇や神棚が「中心」でしたが、今の時代では次男三男だと仏壇を持っておりません。あるいは長男であっても親元を離れている人にとっては、同じように仏壇がありません。

その場合には、ご自身で家の特定の場所を選び、そこを「中心」と決めればいいのです。

自分の好きな写真や絵や書が飾られていたなら、その写真や絵や書がその家の「中心」にすれば良いのです。こう考えてみますと「中心」となるものや場所はたくさんあります。

私も九名兄弟姉妹の末っ子でしたので家には仏壇や神棚がありませんでした。中国から帰国してからは、中国の師匠からいただいた書を中心と決めて、そこに日々の祈りをささげて、祖霊さまとの交流を行ってきました。

この「中心が必要」という考えは、単に家だけではありません。会社においても同じことが言えます。会社も「中心」を中心として会社運は回っているのです。

〈大切な言葉〉

「中心」のない家はいずれ滅びる

○仏壇神棚の意義

お墓を毎日訪ねることは、なかなか難しいです。

日々の祖霊さまへの感謝のご報告や願いは仏壇や神棚を通して行います。

この仏壇や神棚は祖霊さまに通ずるマドのような役割を担っています。その前に立ち、そこに向かって願いや報告を行う。この行為を続けていきますと、私たちの意識の中にこの仏壇や神棚は祖霊さまとつながる、なくてはならない存在となり価値をもってきます。祈れば祈るほど、この場所が家の「中心」となり、運を高め幸せを導きます。

また「家には中心が必要である」という言い方があります。

「中心」とは「家を守るもの」と言う意味です。

家での日常の生活は、この「中心」のもとに営まれています。昔から、祖父母が毎日仏壇や神棚の前で祈りを捧げ、今日一日の平穏をお願いしている姿を見ました。

仏壇や神棚は祖霊さまへのお願いの装置であるとともに、日々守ってくださっていることへの感謝の気持ちを伝えるところでもあります。この装置は使えば使うほど、祈れば祈るほどご利益が高まっていくものなのです。

「中心」が機能している家庭は平穏な家庭です。

○持ち歩く携帯ヒーリングスペースの重要性

家には「中心」が必要ということを言いました。

「中心」は祖霊さまと出会う窓口であり、情報の送受信の窓口だからです。

家はこの「中心」と共に回っていますし、あなたの人生もこの「中心」と共に回っています。

ところで「携帯ヒーリングスペース」とは何でしょうか。

ヒーリングスペースは持ち運ぶことができる「中心」です。「祈りの場」のことです。

私たちは家にいると家の「中心」に対して感謝の報告と祈りをささげることができます。しかし、家を離れて遠くに出かけたりする場合があります。こういったときにこそ「携帯ヒーリングスペース」の出番です。

人間の心理ですが、何か祈りのための対象がありませんと祈った気持ちになれません。壁に向かって祈るのもいいのですが、しかし、特定の礼拝装置がありますとやる気が出てきますし、伝わったような気になってきます。その意味では、この携帯ヒーリングスペースとしての「中心」は心強いアイテムになります。

○あなたの部屋の「中心」を大いに活用する

家には「中心が必要である」という話をしました。

昔の家庭の「中心」となるものは仏壇や神棚でありましたが、今は家族関係の変化でこういった宗教としての礼拝装置を設置している家は少なくなっています。

私は現代の生活空間では従来のような仏壇や神棚を「中心」としなくて良いのではと考えています。今の若者には宗教的なものに対して抵抗感がありますので、インテリアにもなる綺麗な写真や絵や造形物のようなものでもいいでしょう。とにかくこの自分が決めた「中心」がこれからの家を守り自分を守り家族を守るということを理解して活用してください。そうしますと毎日が楽しくなります。

「中心と共に生きる」というのは、「中心」が祖霊さまの世界をつなぐ窓口となっているからです。

ですから、日々の生活の中ではいつも「中心」の前で祈りをささげるということであります。自分自身で自問自答して考え結論を出すのも良いでしょうが、まずは「中心」から祖霊さまに呼びかけて、お願いをすることの方が大切です。「願ったことは実現する」「願ったことは現象化する」という祖霊さまの原理から言いますと、どんなことでも祈ったことは必ず実現するということです。

スピリチャルの世界でいろいろなパワースポットが紹介されていますが、あなたにとっての最大なるパワースポットは、あなたの「中心」に他ならないのです。

六、いろいろな祖霊さまへの感謝活動

祖霊さまに感謝する行為はさまざまです。運を良くする材料は、日常の生活の中にいくらでもころがっています。今までは、祖霊さまが見守ってくださっていることに気づかないままに過ごしていましたので、祖霊さまに過ごしていましたので、祖霊さまへの感謝の行動が十分ではありませんでした。

ところが、あなたの中に祖霊さまのことがテーマになってきますと、目に映ってくるものが祖霊さまに関するものだけになります。

どうぞ、毎日の生活の中で出来る感謝活動を見つけてください。そして、それを粛々とおこなってください。きっと良い運の流れになっていきますよ。

○祖霊さまへの感謝の祈りを忘れることがありますがどうすればいいですか

私たちは日々せわしい中で生活しています。

祖霊さまへの感謝の祈りと願いが習慣化していない人は毎日続けるのはなかなか難しいものがあります。祈りを忘れるのも日常茶飯事のことです。それでも生きていく上にはなんら支障もないことですが、しかし、辛いことや嫌なことが起こりますと、途端に苦しい時の祖霊さま頼みになります。この時に初めて祖霊さまへの感謝の祈りを怠っていたことに気づきます。ただ、祈りを怠ったからと言って祖霊さまから天罰が下るということではありません。救いをお願いしないことには解決の手をさしのべることができないということに過ぎません。

こういったときにはどのようにすれば良いでしょうか。

このときこそ原点に還るということです。祖霊さまが自分を守る存在であったことをもう一度自覚することです。それがわかりましたら、さっそく、祖霊さまにこれまでの感謝の気持ちを伝えることです。そして、その後に今の状況を報告し、解決へのお願いをしてください。祖霊さま感謝活動は、毎日の食事をとる行為と同じように習慣として定着することが理想です。

祖霊さまへの感謝を怠るというのは毎日の祈りを怠っているということです。

前にも書きましたが、多くの人は何か起こらないと神仏や祖霊さまへの祈りを行わないものです。「苦しい時の神頼み」で本当に苦しい時に初めて神仏や祖霊さまが登場します。逆に言えば神仏や祖霊さまへの祈りは、それでも良いということでもあります。しかし、苦しい時の神頼みだとしますと、その願い方や実践の仕方は習慣化されていませんので実現するプロセスの流れが実感としてわからないものです。実現する感覚をつかむためには、できれば毎日の生活の中で習慣にすることを薦めます。

習慣化の重要性は同じ行為を続けていくと、そこからいろいろなことが見えてきます。

その見えてきたことを通じて、あなたがどんどん変わっていくということです。毎日の祖霊さま感謝の祈りを怠っている人は、幸せな人です。誰にも頼らず自分の力だけで人生を歩んでいる人だからです。ただこう言う人は人生に悩み、つまずいたときにはその痛手は計り知れないものがあります。

祖霊さまと共に歩む人生は、喜びも悲しみも祖霊さまと共有しながら生きていくという意味です。毎日の祈りは面倒かもしれませんが、祈りの時間はほんの数分で終わりますので、なるべく習慣化してみてください。

怠った人は思い出したときから祈りを始めてください。そして、その大切さを知った後は、これからの一生を祖霊さまと共に歩んでください。どうぞ、祖霊さまを思い出したときから再度やり直してください。

○お彼岸とお盆には必ず参加する

両親が健在のときはお彼岸やお盆に帰省することは当たり前に行われていました。ところが両親が亡くなった後は、兄弟姉妹が健在でも少しずつ実家から遠ざかっていきます。家族や一族が集うという習慣が途絶えた家族はその傾向が顕著になっています。祖霊さま感謝活動からしますと、このお彼岸とお盆は祖霊さまに再会する重要なイベントになります。

私たちは日々祖霊さまのことを考えることが少なくなっていますので、せめて、年に一、二回お墓参りを兼ねて参加してみるのも良いでしょう。昔は旅に出ていても、お彼岸とお盆だけは必ず帰省したものでしたが、今は、それさえもしなくなっています。

祖霊さま感謝活動を日々続けている人にとっては、毎月の祖霊祭と共にこの二つの行事は重要なものになっています。

良い運体質を身につける人生においては、まずは一年のスケジュールの中に、お彼岸とお盆を予定し、時間が許せるなら毎月一回の祖霊祭もスケジュールに入れておくことをすすめます。この予定は絶対にはずさないという強い決意があなたを良い運体質にしてくれるものです。さっそくスケジュールに記入しておきましょう。

〈一年の大切な行事〉

お彼岸	春のお彼岸（三月中旬から下旬） 秋のお彼岸（九月中旬から下旬）	お墓参りの供養
お盆	新盆（七月） 旧盆（八月）	祖霊さまを自宅にお迎えして供養

○母の日や父の日や敬老の日は日頃の感謝を伝える大切な日

一年の大切な日として、母の日、父の日、敬老の日があります。国は、よくこういった日を設けたものだとつくづく感心します。本来なら毎日が母の日であり、父の日であり、敬老の日でなければなりませんが、私たちは両親や祖父母の恩を当たり前と思って日々感謝することをしません。こういった自分の祖霊さまに対する感謝は、本来、国が決めて強制するものではありませんが、私たちに気づきを与えるという意味では、国のかかわりもそう悪いものではありません。

一年に一回のそれぞれの記念日に日頃の感謝を伝えるということは素晴らしい行為です。できれば感謝の気持ちが伝わるような伝え方を工夫する必要があります。人は何かをしてもらうということを喜びとします。日頃の感謝の気持ちとして何かをプレゼントするのも良いでしょう。遠くに住んでいる祖霊さまであれば、「会う」ということだけで喜んでくれるものです。両親に喜んでいただく重要な一日です。

○お墓参りの意義

お墓参りはなぜするのでしょうか。

正直な気持ちとして両親や祖霊さまの遺骨が納られているところには何か両親や祖霊さまが「眠っている」と言う気持ちになってきます。「そこに何かある」という気持ちです。この気持ちは生きて生活している私たちにとって大切なことです。「感謝の気持ち」の原点です。

墓参りをすると無意識に祖霊さまに感謝の気持ちが生まれるものです。

裏を変えて言いますとお墓参りを日課としている人は、日頃から心の中に、祖霊さまへの感謝の気持ちが芽生えるものです。祖霊さま感謝の実践として最も重要な行為ということになります。お墓を掃除したりお花を捧げたりするという単純な行為を通じて人は祖霊さまを大切にするようになります。また、お墓参りには直接祖霊さまにお願いとご報告のために出かけるのも良いでしょう。お墓の前だと人は謙虚な気持ちになります。苦しい時は救いを求め、楽しいことや嬉しい時には、その気持ちを正直に報告できます。

○祖霊さま感謝活動が未来の人類の平和の実現に貢献する

祖霊さま三十名の図を見ますと、未来の人類の姿が良く見えてきます。

未来の四代からみますと、今の私たちはそれぞれが赤の他人としてスタートラインにいます。下四代の子孫に向かってスタートし、バトンをつないでいくというわけです。全世界の七十億人は今の時代には赤の他人でありますが、未来においては下四代の子孫の祖霊さまになる可能性がありま す。だからこそ、未来の下四代のことを考えると、今の私たちが他人と争うことは良くないのです。未来の下四代を悲しませることになるからです。

例えば、今の時代に戦争で敵味方になって殺し合っている場合があるとします。未来の下四代の子孫から上四代を遡っていきますと、争いで殺し合っていた人たちが自分の祖霊さまということになります。こういった争っている祖霊さまの関係を子孫が喜ぶはずはありません。

この祖霊さま三十名図を前提に地球上の人々が未来の人の出会いを予測して付き合っていきますと、争うことなどなくなっていくのです。

私たちは今を生きているのではなく未来のために生きているのです。

○祖霊さま感謝活動をすると運の良し悪しはなくなる

毎日祖霊さま感謝活動をしていますと、私たちが日頃運の良し悪しを気にして生活をしていることが、気にならなくなります。

というのは、日々の願い事は祖霊さまにお任せしているので、その結果はどうでもよくなります。日々の喜びも苦しみも祖霊さまの意思であり、働きということになります。今までは起こったことに対して一喜一憂していた生活から、起こったことは「事実」として、すべてを受け入れて、そこから何を成すべきかを考えるという処理の方へと変わっていきます。すべてを受け入れさえすれば自分を苦しめるものがなくなっていきます。私たちの日頃の悩みは意外にも、「起こったことを受け入れたくない」ということから生まれる場合が多いと言えます。

また、祖霊さま感謝活動は、祖霊さまをおもいやる実践でもあります。

祖霊さまをおもいやる心はそのまま家族をおいやり、社会の人々をおもいやる心へとつながっていきます。運の法則から言いますと人をおもいやる心の強い人が人から大切にされ、人のご縁をいただくことになります。現象として起こる良いことも悪いことも祖霊さまの見守っているところで起こっているとしますと、そこに意味があります。

運を良くするアプローチとして、祖霊さま感謝活動は究極でありますが、しかし、この活動をしていますと、もはや、運の良し悪しはどうでもよくなってきます。ここに答えがあるのです。

〈大切な言葉〉

世の中にはさまざまなツキや運を呼び込むアプローチがありますが、最高の行為が毎日の祖霊さま感謝活動です。

○子孫に恵まれなかった人の祖霊さま感謝活動の意味

私たちは自分の上四代三十名からさまざまなご縁をいただいて今日の姿があります。上四代から影響を受けているということは、下四代を見守り支える責務を負っているということでもあります。

では、子や孫がいない人にとっては、このワークショップや日々の感謝活動はどんな意味があるのでしょうか。

子孫へ伝えるという作業を考えますと意味のないように思えますが、しかし、ワークショップのそもそもの目的は、自分自身の祖霊さまとのご縁に感謝して、今までの偽りの人生を本物の人生とすることにありました。その作業をしなければいつまでたっても人生は幻のままで終わってしまいます。

もう一つの目的は、あなたが未来に向かって歩むために祖霊さまからパワーをもらうということです。この目的は、あなた自身が悔いのない人生を送るために行うものと言えます。

こういった目的のためにも、子のあるなしにかかわらず、日々の感謝活動は重要になってきます。

〈大切な言葉〉

偽りの人生から↓本物の人生へ
今までの人生は偽りの人生↓これからの人生は本物の人生

○祖霊さま感謝活動を多くの人に伝える意義

十年ほど感謝活動の実践を続けてきますと、行動している方に二つの動きがみられます。

一つ目は、自分のためだけに動く人です。

「自分の人生を変えたい」「良い運を手に入れたい」というテーマが祖霊さまとのご縁の結び直しのしくみの目的ですから、当然に自分のことが中心になります。しかし、自分のことだけの感謝と願いの祈りは少しもったいないところがあります。人間力を育むには、自分の周りや社会の人たちの幸せを祈ることが良いでしょう。きっと、自分から他者へと目線が変わった時、新しい世界がそこに現れると信じます。

二つ目は、この素晴らし経験と効果を自分の愛する人や世間の多くの人に伝えてあげたいという気持ちで次から次へとワークショップに人を紹介してくる方がおります。

祖霊さま感謝活動が未来の人類の平和を実現する最高のしくみ、取り組みだとしますと「人に伝える」という意義は、私たち一人ひとりに与えられた使命であり役割であり義務であります。

よく「おいしいケーキを食べたら、それを愛する人にも食べさせたい」という言い方があります。私たちの日常で体験する感動はそうやって人から人へと伝えられていきます。本当にいいものなら伝えていくということです。自分が幸せになることは当然として、自分の家族の幸せになるためにも行動するということです。そして、人生や社会という大きなテーマで考えますと、一人でも多くの人に伝えていくということが大切になってきます。

「徳を積み上げる」という言葉があります。

これは、実は祖霊さまとのご縁結び直しと感謝活動を広げることに他なりません。

私の立場からしますと、祖霊さまとのご縁の結び直しのすばらしさを一人でも多くの人に伝えていただければと願っています。

○信仰を持った人と祖霊さま感謝活動との関係

祖霊さま感謝活動を祖霊さま三十人＋自分の三十一人のチームで実践している人の中には、自分の信仰を持っていらっしゃる方もおられます。

この祖霊さまを敬い感謝することは自らの信仰の神仏を敬うことと矛盾しないのでしょうか。

特にキリスト教信仰のような一神教の考えからしますと、一神以外への礼拝は厳しく禁じられております。

明治期に西欧化が進んだ中で我が国にあまり広がらなかったのがキリスト教でした。これは当時、ローマカトリックなどの信仰では、日本の神社仏閣への参拝や仏壇や神棚への祈りを固く禁じたからだといわれています。一神教では決して神以外への礼拝は認められません。こういった理由で祖霊さまへの礼拝も禁止されてしまいました。

祖霊さまは本来の意味では宗教で言うような神ではありません。

ですから、一般的には礼拝を禁止される対象ではないはずです。自分のルーツにかかわりのある祖霊さまへのおもいは、宗教以前の問題であります。これがすべての人に備わっている素朴な感情です。

実は本来は、そういった一神教の信仰の原点も、この世に送り出してくれたのは三十名の祖霊さまの存在なしには物語が存在しません。

自分の信仰を持ちながらも三十名の祖霊さまを大切にして日々の感謝活動を続ける人が多いのですが、そこに真理があるからでしょう

○真言の写経をしてみるとおもいが伝わる

仏教では毎日の行いの実践として「写経」があります。

文字通り「経を写す」という意味です。どんな経文でもいいのですが、自分の好きな経文を選んで、その一語一語に精神を集中し清らかな気持ちで行うのが写経です。

この写経のご利益は心が穏やかになることです。

写経をすることは「功徳になる」と言われていますので、それだけでも良い暗示になります。また、毎日の習慣化は集中力ややり遂げる力が身につきます。文字を書く（写す）という場合には当然に頭の中で写す文言が反芻されますので、エネルギーとして良い運やツキを呼び込むことになります。

祖霊さま感謝活動の写経は祖霊さまの真言です。

この真言を心の中で念じながら八十一音を写していくということです。毎日習慣とするのはなかなか大変ですので、週に一回や月に一回という時間を決めて行っていきますと意外と楽しくできるものです。この祖霊さまの真言の写経はあなたの三十名の祖霊さまへの直接の感謝の行為となるものです。

○現実の親と付き合う苦しみ

祖霊さま感謝活動は、両親を含めて今日に命を授けた祖霊さまに感謝することを日々の実践としています。

自分の両親が自慢し尊敬できる親ですと自ら感謝の念が募ってきます。

しかし、現実には、親子の関係が良好の場合だけではありません。

むしろ、赤の他人以上に血のつながりの葛藤は深刻です。親を尊敬できない自分、親のようにはなりたくないと言う自分、なぜこの親から生まれてきたかという悩み。顔を見れば喧嘩ばかりしている日常、自分のやりたい道を理解してくれないと反発する。

親は子供を選べないが、子供もまた親を選べない。与えられた親子関係から人生のスタートを切らなければなりません。自分で選んだ親子関係なら愚痴も出ませんが、親子関係は選ぶわけにはいきません。

実は、こういった親子関係で悩んでいる人にこそ、祖霊さま感謝活動は重要です。当たり前と思った関係だからこそ葛藤が生まれてくるのです。しかし、自分がこの世に生まれてきたことに意味があると思った瞬間に人生の生き方や人との付き合い方が変わってきます。

○さまざまなご縁結び直しの作業

ご縁には、いろいろあります。

夫婦、親子、兄弟姉妹、親戚、友人知人、職場など無限に広がる展開です。世間で言う「感謝活動」は、そのまま、さまざまなご縁に感謝する活動になります。

日頃、当たり前と思っている人との付き合いを一つ一つ結び直してみるということが重要です。結び直しの作業は同時に「感謝する作業」でもあります。ありとあらゆる人との出会いに感謝できる自分になるというのが、あなたが目ざす姿です。人と人との結び直しの作業は、日々発生するものですから、習慣化しておくことが必要です。

次に、人は自分の利益につながる人や人からの好意には素直に感謝する気持ちがわいてきます。

ところが、自分に害を与え、損をさせた人に対しては、途端に恨みつらみの感情になります。

実は、本当の感謝活動は、こういった場合にこそ必要です。争っている相手を許して包み込む、これが祖霊さま感謝活動のたどり着く答えなのです。


〈さまざまな感謝活動〉

家族への感謝	両親・上四代・子と孫・夫婦・兄弟姉妹・両家に関する感謝
お客様・スタッフへの感謝	お客様・業者・取引相手・会社のスタッフ・上司部下へ感謝
出会った人への感謝	すべての出会いに感謝・友人知人・恋人・先輩・先生・師
地球自然環境への感謝	すべての地球自然環境・すべての命・天地の恵み
神仏への感謝	すべての神仏に感謝・活かされて生きていることへの感謝
健康長寿・命への感謝	体ちゃんありがとう・心ちゃんありがとう・命へ感謝
自分を苦しめた人への感謝	自分に害を与えたすべての相手に感謝・争いの相手を許す

○結び直しを人に紹介することはその人の祖霊さま三十名とご縁ができることです

ご縁結び直しはあなたから人へ紹介し、次から次へと伝えることが重要です。

多くの人が祖霊さま感謝活動を始めますと、やがては一人ひとりが未来の子孫で結び合わされることになります。人と人とのつながりが世界を平和にする唯一の方法です。

あなたが友人知人一人ひとりに伝えますと。その人の三十名の祖霊さまとあなたはご縁をいただくことになります。ご縁をいただくということは、あなたを支える人が増えるということを意味します。単なる知識を深めるだけのワークショップならあなただけで留めて他者に伝えることは求められていません。

しかし、祖霊さま感謝活動は人のためになることへ協力していくというものでありますから、あなたがご自身の三十名の祖霊さまと結び直しを終えて後には、どうぞ一人でも多くの人に結び直されたことのすばらしさを伝えてください。その行為は人に良いことを伝えるという意味で人のためになることです。あなた自身が新しい祖霊さまと出会うという意味では、あなたの人生にとってもプラスになります。三十人が三百人になり、やがて三万人になる日も近いでしょう。

○家族で祖霊さま三十名の存在を共有する

祖霊さま感謝活動は家族全員で行うとすばらしい家族になります。

家族で祖霊さま感謝活動をしていると、日々の話題が祖霊さまの話になります。そうしますと、それぞれが祖霊さまに喜んでもらえるためには、どう人生を歩めばよいかが家族のテーマになってきます。毎日の感謝の祈りも一人だと忘れることもありますが、家族全員でやりますと忘れることはありません。家族同士で声をかけ合いながら明るく楽しく日々を過ごすことになります。

家族で祖霊さま感謝活動を共有すると、家族として今世でご縁をいただいた意味の重要性に気づき、家族の絆が否応にも深まってきます。

家族で祖霊さまを共有することがいかに大切かということです。

そういった祖霊さまを大切にする気持ちは次の世代へと引き継がれていくことになります。

○ソレイヒトガタと一体となって瞑想する

ソレイヒトガタの形は瞑想を行う上で重要なものです。

瞑想は自分の意識を形而上的世界へと同調させるための重要なアプローチです。祖霊さまの存在を認め、見えない世界の働きを前提とした祖霊さま感謝活動のしくみからしますと、この意識の有り様は重要になってきます。

意識はエネルギーの世界ですがエネルギーとして表される「情報」によって、その構造は重層になっています。

祖霊さまの存在を認めることは、この意識の重層を認めることでもあります。意識というエネルギーの世界は自由自在に時空を超越する世界です。

瞑想のアプローチは自分の意識を宇宙の情報の大海原に波長を合わせ、そこから生きる上に必要な情報をいただくためでもあります。祖霊さまとの出逢いは瞑想を通して行われます。

◯祖霊さまに連なる親戚が力を合わせて生き抜く時代

今はいろいろな面で辛いことが起こりすぎです。

今、世界中を席巻しているコロナ渦をみますと、一人で乗り越えるには荷が重すぎます。こういった時代こそ、親戚の力を合わせて生き抜かねばなりません。

遠い昔はそうでした。一族が力を合わせて、いろいろな困難を乗り越えていました。本家分家という呼び方を前提として、お墓を同じくする家同士が支え合うことを意味していました。しかし、今は誰でもが簡単にお墓を持てる時代になりましたので、一族で集うという考えが希薄になってきています。今の時代は家族単位でしか家族の行く末を考えられないようになっています。だからこそ、もう一度、親戚が協力していた頃に還らなければなりません。

祖霊さま感謝活動は三十名の祖霊さまに連なる親戚が共に協力して生きていく姿であります。まずは、親戚を訪ねてみるという、ささやかなことからはじめてください。

◯祖霊さまのために誰かが音頭を取って親戚をまとめてみる

昔はお彼岸やお盆や諸々の法事がありますと、その一族の長と呼ばれる方が一族の柱のような存在で一族をまとめていました。

子供心にそのお年を召された叔父や叔母が頼もしく見えたものです。これは祖霊さまのしくみから言いますと、大変重要です。

私もいつしか年を取り、叔父や叔母の年齢になりましたが、親戚をまとめる自覚がないままにきたせいか、この歳になっても、十分に役割を演じられていないのは大きな反省です。

私の周りで一族が仲良くしている方々がおります。

この家は祖霊さまの大切さを知った家族です。その家族をまとめている方がきっとおられます。長い間にそういった一族が集う伝統が出来ているのでしょう。そういった姿は祖霊さま感謝活動の目ざす姿であり、理想的な一族の形です。祖霊さま三十名のしくみをみますと、単に自分の家だけでなく親戚一同がこの三十名の輪の中に入っていることを知らされます。自ずから親戚とのつながりを大切にしなければなりません。この親戚が集うということが現代社会の中では少しずつ忘れ去られています。親戚が集うことがそのまま祖霊さまが喜ぶことになります。

こういった仲の良い親戚関係ですと、当然、お墓を共にすることに抵抗感がなく、あの世へ行ってまでも皆で集う楽しみが増えてきます。

○祖霊さま感謝活動を普及する組織と人の役割

祖霊さまへの感謝の祈りは人それぞれの個有の作業です。

ですから自分の責任において一生を祖霊さまと共に歩んでいけば良いということになります。しかし、いろいろな物事については、はじめから情報として、やり方を知って生まれてきたわけではありません。祖霊さまの結び直しや日々の感謝活動の仕方はどうしても学んでいくことが必要となります。私はこの大切な情報を伝える人や組織の重要性を痛感しています。お金儲けの手段にならないように、人のためになるように、それを伝えることが重要です。私はこの道を選びましたが、これも神仏の与えた役割であります。

だからこそ、恩返しとして、神仏には、今こうして生きていることへの感謝の祈りを伝えるしかないのです。

では、日頃の悩みや願いを解決し救ってくれるのは誰でしょうか。

言うまでもなくそれが祖霊さまの役割です。世界中のすべての宗教は家族を大切にすることを教えています。それは生きていく最小単位の集団が「家族」だからです。祖霊さまは家族です。だからこそ祖霊さまと共に生きることに答えがあります。

七、病気が治る

「病気が治る」とは、祖霊さまとの関係ではどういう意味でしょうか。祖霊さまからパワーをいただくということは意識の問題です。意識の力を強化しようという意味です。病気が治るのはあなた自身の意識が変わった結果です。

人間は体と心の二つの要素で成り立っていて、この両者は表裏の関係になっています。ですから、体がやみますと心もやみます。逆に、心がやみますと体も病みます。こういったように、体の病気というものの大半は心や意識が原因です。意識の力が弱くなりますとやがては体にも病気となって現れるものです。

自分の病気を治すことも人を治すことも、共に「意識の力」をよるものです。

祖霊さまに守られている意識が自分を治し、相手を治すエネルギーになっていくのです。

このテーマは百聞は一見に如かず、実際にやってみることです。

祖霊さまの存在をどう活用するか、自分の意識をどのように使うかということです。

どこかで皆様に伝授する機会もあるでしょう

○祖霊さま感謝活動を百日続けると病気が改善される

昔から百日行という言い方があります。

あらゆるテーマが百日すると効果が出てくるという意味です。

百日は約三か月です。病気の改善の場合も同じことが言えます。病気を治すためにいろいろとアプローチしますが、一日一朝に治るものではありません。

ところが「治る」という思いを強く持ち、日々祖霊さまへの感謝の祈りを続けますと、だいたい百日でどんな病気でもおもしろいように改善されていきます。

これは単に祈れば良いということではありません。

まずは、治ることへの確信を持ち、あとは祖霊さまに改善を一任することです。この宇宙は意識の大海原です。または、エネルギーの大海原だと言っても良いでしょう。

自分の心身を調整するには意識を変えなければなりません。

今まで病気になったのも、実は、あなたの意識が原因です。この原因になった意識を変えない限りは、身体は良くなりません。

原因の多くは人間関係から来る場合がほとんどです。

百日の間に人間関係も良くなっていきます。百日というのは習慣化の日数ですので、ここまで祖霊さま感謝活動を続けられた人は、もう、それだけで身体は調整されています。百日を信じてやってみる、目の前に結果が見えています。

○祖霊さまの力を借りて病気を治す

人の病気を治す方法を紹介しましょう。

世の中には神霊治療や気功治療などと銘打った治療方法があります。しかし、実際にはあまり効果が上がりません。

なぜかと言いますと、他者を治療する場合は全て意識の問題だからです。

意識の問題だとしますと治す人と治される人（患者）の二人の意識が問題となります。単にパフォーマンスとしての行為は何の効果も生みだしません。治す方の意識をどこに持っていくのかが問われます。治すというのは自分の意思だけでは治りません。また、治す側だけの意識でもどうにもなりません。

祖霊さまの病気治しは祖霊さまのパワーを使うという方法です。また同時に治される側（患者）

の祖霊さま三十名にお願いする方法でありますの今までの治療方法の多くが天に連なる方法か治療家自身のエネルギーを使うかのいずれかでありますが、あまりうまくいっていません。

祖霊さまにもとづく治療は祖霊さまの力を借りて行うもので、実践的な効果としては目に見はるものがあります。

○祖霊さまからパワーをいただく

「パワーをもらう」という発想は、なかなかいいアイディアであります。

人はどこかからかパワーを頂ければと願っています。祖霊さま感謝活動では、そのパワーの源が祖霊さまということです。しかも祖霊さまからのパワーは無尽蔵に与えられています。

日々の感謝活動というのは、実は祖霊さまからパワーをいただいて、それを使うことであります。それは日々パワーをチャージするというしくみであり、使う実践のしくみということであります。そう考えたとき、祖霊さまへの感謝の力は、自らの中にパワーを生み出していきます。

○祖霊さまのパワーを活用して病を治す

体の病は、意識から生じたものであります。意識＝やる気＝モチベーションのことです。やる気が弱くなった時、そのひずみとして心身に現れるという原理になっています。

その意味では、この意識の力を活用して病を治すことは原理的にはありえることです。体の病の九割は意識から来るものです。意識さえ変われば自ずと体も整っていきます。体を治すためには、その人の意識を整えなければなりません。人を治すには、患者の意識の持ちようが求められます。祖霊さまからパワーをもらうという気持ちが、その人の自然治癒力を高め、患者の自然治癒力を高めることになります。

八、毎月の祖霊さま感謝祭

毎月一回、「祖霊さま感謝祭」を行っています。

十年の歳月で一度も欠かしたことはありません。海外に出かけたときも現地で簡単な祖霊さま感謝祭を行っています。

祖霊さま感謝祭は一カ月の感謝の報告と今後の決意をそれぞれの家族の祖霊さまに報告をする機会であります。また、行動を時間で区切ることによって、やっていることにメリハリができます。

日々の感謝活動も重要ですが、月一回の祖霊さま感謝祭も同じように重要です。

この重要さに気づきますと毎月の祖霊さま感謝祭は必ず出席しなければならない重要なイベントになってきます。

どうぞ、ワークショップを受けられた方は、浅草のサロンで行われます毎月の祖霊さま感謝祭にご出席ください。

○祖霊さま感謝祭の式の流れも重要です

祖霊さま感謝祭は一カ月に一回、祖霊さまに日頃の感謝のご報告をお伝えする祭りです。祖霊さまへの気持ちは継続して持ち続けることではありますが、日々の生活の中では、そのおもいの確認ということが必要となってきます。自分では変わらずに祖霊さまに感謝の気持ちを伝えているつもりでも、メリハリのない感謝の祈りになってしまっている人が大半です。一カ月に一回祖霊さまに会いに行く、祖霊さまに丁寧な感謝を伝えに行く、というのが祭りの意義であり、目的です。

祭りというのは祖霊さまを迎えて感謝を伝える祭儀です。

祭儀は見えない存在である祖霊さまへの限りない尊敬の気持ちを表現する場面です。見えない存在への畏敬の念は祭式の作法として伝えることになります。祖霊の式次第は一つひとつが祖霊さまへの畏敬の念を伝える段取りで行われます。

日本の精神文化である神道や仏教のさまざまな儀式はこういった作法を通じて、見えない存在を敬う心を伝えてきたものであります。

毎月の祖霊さま感謝祭は、参加される皆様のそれぞれの祖霊さまへ、一カ月の感謝のご報告を行うためのものです。式次第の順番はルーティーン化されたものでありますが、この決まったルーティーンこそが祖霊さまと私たちをつなぐ役割となります。どうぞ淡々と毎月の祖霊祭に参加されて、おもいの気持ちをどんどん強くされてください。

○祖霊さま感謝祭の位置づけ

祖霊さま感謝祭は祖霊さまへの一カ月の感謝を伝える活動です。

祖霊さま感謝の行為は個々におけるテーマです。しかし、同じ気持ちを持った人々が一同に介して祖霊さまにご報告し祈りをささげるのはモチベーションが高まり、その行為に対する確信を強める効果があります。

祭りというのは自分が謙虚になるための場面でもあります。

この祖霊さま感謝祭の一日は重要な一日だと位置づけています。ここから一カ月のスタートが始まります。皆様には、この祖霊さま感謝祭を大いに活用してほしいと願っています。はじめから祖霊さま感謝祭の予定を組んでおきますと、一カ月はその日に向かって流れていくことになります。

祖霊さま感謝祭に参加すること、これこそが良い運を呼び込むための習慣化になります。

○一カ月の感謝ノート終了時の認証の意義

祖霊さま感謝ノートの終了の証として認証を行っています。

この認証という行為は大変重要です。理由は、まず、毎日の活動の目安が認証へ向かってなされる必要があるからです。ですから認証は行為のゴールです。ゴールのある活動が達成感も得られて楽しくなります。

そして、認証自体にご利益があると考えてください。

その認証は、それこそがあなたにパワーを授けるものです。毎月一回のエネルギーの充電です。

祖霊さまとのご縁の結び直しをお取次ぎする私の役割は、この認証を丁寧に行うことにあります。

自己流にならずに、しかるべき役割を持った人から一カ月の活動の認証をいただく、そのことにしくみとしての意味があります。認証は皆様への毎日の努力へのご褒美であり励ましのエールでもあります。

今、神社仏閣へのご朱印を求める人がブームとなっています。

それも同じ意味があります。ご朱印を書いていただき、それをお守りのように大切にする行為がその人の利益につながります。祖霊さま感謝ノートの認証も大切な朱印であります。その朱印は毎月という時間の中で回数を重ねることによってあなたの功徳となって蓄積されていきます。

○一カ月一回の祖霊さま感謝祭の意義

一カ月に一回、祖霊さま感謝祭をとりおこなうことの意義は、祖霊さまに感謝する意識の継承のためです。

人は時間の流れの中から「区切り」という「節目」を発見しました。その区切りは気持ちの整理のための時間です。

祖霊さま感謝活動は日々の生活の中で祖霊さまの存在を忘れないという活動ですが、その想いを強化するのが月一回の祭りです。それは祖霊さまへの一ヶ月の恩返しであると同時に次の一カ月への決意の宣言です。この繰り返し作業があって活動が成り立っています。

○毎月のご朱印の重要性

今、多くの人の間で全国の神社仏閣を巡って朱印を集めるのがブームになっています。

本来、ご朱印をいただくというのは、その神社仏閣に参じて、心からの祈りの証しとしていただくものですが、今は信心の証しではなく、単なるコレクターとして集めているのが実態です。

祖霊さま感謝祭では毎日の感謝活動の証しとしてご朱印を書いています。

この祖霊さま感謝祭のご朱印は正に一カ月の活動の証しとしていただくものであり、成果の記録となるものです。毎日の活動はマンネリになりやすいものですが、毎月一回のご朱印をいただく行為は一つの節目となって「また一カ月がんばろう」という新たな決意へとつながるものです。

○地方にいて祖霊さま感謝祭に参加できない場合にはどうすれば良いですか

祖霊さま感謝活動は基本的には自分で行う活動です。

しかし、人間というのは一つの行為はマンネリに陥るものです。毎月一回祖霊さま感謝祭を行っている理由は、このマンネリを防ぐという意味があります。月一回祖霊さま感謝活動をしている方々とお会いすると、それだけで刺激を受けます。互いの近況を報告し合い、祖霊さまに生かされていることを再確認することができます。

また、一カ月に一回は自分を振り返る節目でもあります。人は節目となる日に過去を自省し未来に希望を抱くというサイクルが必要となります。

では、この大切な祖霊さま感謝祭を地理的条件や仕事で参加できない人はどうすれば良いでしょうか。

本当ですと祭りは月一回ですので、何がなんでも出席するという態度が理想ですが、それができない人は、毎月九日は自分の家で「祖霊さま感謝祭」と位置付けて感謝の祈りを行うことです。地方にいて東京に出てこれなかった方は、ご自身で工夫をなされて、できる範囲で行ってください。今はコロナ渦のために私のところに伺えないという方もおりますが、毎月祖霊さまのお墓参りに出かけているという報告をいただいております。これも立派な祖霊さま感謝祭です。両親が健在な方は両親を訪ねて両親と一緒に過ごす時間を持つというのも良いでしょう。祖霊さま感謝祭に出席できない方は事前に連絡をいただきますと毎月の感謝ノートと認証をお送りします。いずれにせよ、一カ月の節目で祖霊さまへのおもいを深く育んでください。

○毎月のお布施の意義

祖霊さまへの一ヶ月の感謝のご報告と、一ヶ月の行動の決意の宣言のために、毎月「祖霊さま感謝祭」を催しています。

その際には参加者には祖霊さまへの感謝の気持ちを表すために、「お布施」としてのお金を納めていただいております。

これはあくまでも皆様の気持ちの問題ですが、日々の気持ちは現実には、お金やモノに置き換えて表現するしかありません。金額は皆様の気持ちです。親に喜んでいただくためにどうすれば良いのかを考えなければなりません。皆様の実践の証はそういったところに現れます。

○祖霊さまの感謝祭を三・六・九年ごとに行う

仏教では人が亡くなってから一周忌、三回忌というように節目となる年に法事があります。それは亡くなって後も祖霊さまを成仏させなければというおもいから行われるものです。

しかし、よくよく考えてみますと、死んで後も成仏させなければならないとすると、子孫が祈りを怠っていますと永久に成仏できないという理屈になります。その意味では、死んで後も成仏させるために法事を行うというのはあまり意味がありません。亡くなって後も子孫にお世話になるというのは、こんな迷惑な話はありません。そうかといって祖霊さまが亡くなって後、何もしないというのもおかしな話です。

祖霊さまは、亡くなって後はあなたを守護する存在としてかかわっていきます。

このことを前提としますと祖霊さまへの感謝の気持ちを伝えるイベントが必要です。また、このイベントは、今こうして祖霊さまに生かされて生きていることを自覚するための行為であります。宇宙の法則は三・六・九で成り立っています。亡くなって後、三年ごとに三回行って一つの節目として祈りが終わります。九年という歳月は祖霊さま感謝活動を習慣化するために必要な時間です。

三年祖霊さま感謝祭　　六年祖霊さま感謝祭　　九年祖霊さま感謝祭

〈大切な言葉〉

私たちが忘れずに行わなければならないのは「祖霊さま感謝」です。

「先祖供養」→「祖霊さま感謝」へ

第五章　祖霊さまに関するさまざまなテーマ

幸せの花を咲かせましょう

第五章　祖霊さまに関係するさまざまなテーマ

幸せの花は、祖霊さまの存在を知ることによって開花するものです。

幸せの花を開花させるためには、もう少し祖霊さまのことを知らなければなりません。

私は今回、祖霊さまに関するキーワードを考えて文章化してみました。ある意味では、私の頭にある情報をすべて出し尽くしたというおもいであります。

ささやかなテーマも拾っています。おもいつくままに考えた結果です。

この第五章では、こういったささやかなテーマを最後にまとめました。祖霊さまがいかにいろいろな場面で私たちの生活やビジネスに影響を及ぼしているかがわかってきます。

一、運を良くする

運を良くすることは、「良い運体質をつくる」ということを意味します。私は長年、運の研究をしてきました。運体質をつくるにはさまざまな方法があります。心の持ちようであったり、具体的な場所やモノであったりと、ある意味では無限に存在します。

ところが、祖霊さまの大切さを知って後からは、「祖霊さまを大切にする」ことが最も重要な良い運体質をつくる方法であることを知らされました。今は、既存のどんな運を良くする方法より、この祖霊さま感謝活動が一番であるという確信があります。

○自分の運を良くするには感謝から始まります

多くの人が感謝の大切さを語っています。

人は社会的動物であります。その意味は、人は人間社会の中で多くの人とかかわって生きていくことを余儀なくされているということです。この人間社会の中で最も重要なテーマが「感謝する」ことなのです。人類が何百年何千年と旅をしてきて経験からわかった知恵であり結論であります。

では、なぜ感謝する心が必要なのでしょうか。

実は感謝する心の状態になったときに私たちの意識は宇宙の大いなる意識と同調し一つになることができるからです。私たちのこの世はエネルギーに満ち溢れる世界、この宇宙はエネルギーの大海原、この世に起こる良し悪しもすべてが一つの情報として様々な現象となって私たちを飲み込んでいきます。

日本では「言葉には霊力がある」と考えられてきました。

言葉は意識を顕現化する手段であると同時に、言語化されたイメージが宇宙にエネルギーとしての実態を生み出し、現象として表れます。私たちが「感謝」という文字に情報を込めたときに、行為と感謝の言葉が結び付き、それに合った現象、ここでは良い運による良い現象を生じしめることになります。

この「感謝」という言葉が行為と連動することによって私たちを良い運に導いてくれています。言葉を使うのはそういった効能があるからです。

○運を良くする方法

運を良くする方法はいろいろあります。

生まれてきた原点につながるという意味では、祖霊さまとのご縁結び直しの作業と日々の祖霊さま感謝運動をおいて他にはありません。それは、祖霊さまが私たちを支え助けているという前提があるからです。人生は自分と祖霊さま三十名とのチームワークです。祖霊さま感謝運動を怠りなく行えている人こそが良い運体質の人ということになり、運が味方する人生を歩むことができるものです。

神仏を否定するということではありません。

神仏は生きていくためのインフラを与えてくれる存在です。

私たちは生まれに関して、親を選べません。時代や地域も同様です。そして、人の出会いや職業や進路も自分の意思で選んでいると思っていますが、現実には「選ばされている」と言った方がよいでしょう。人生に必要な様々な場面は天の計らい（神仏が準備したもの）という意味です。神仏には生かされて生きているということへの感謝の気持ちを述べることが大切です。

〈大切な言葉〉

運を良くする最高な行為が祖霊さまに感謝することです。

○毎日の祖霊さま感謝活動は「運」を高める作業です

祖霊さま感謝活動はあなたの運を高めるための活動です。

この世のすべてのテーマは「運」の行方にあります。

どのようにすれば運が良くなり、どのようなことになれば運が逃げていくか、これを知ることはなかなか難しいものがあります。


運を良くする行為や働きにはいろいろなことがあります。

人類は運を信じ、運を良くするためのさまざまな方法を考え、今日に伝えています。

実は、祖霊さまを大切にすること、祖霊さまに日々の感謝のおもいを持ち続けることは、運を良くする行為の中で最も大切なことの一つです。毎日の感謝活動は祖霊さまに見守っていただくための行為でありますが、良い運を味方にするための行為であるというのが結論です。

ですから、毎日の習慣の場面では、今日の感謝の祈りを行うことによって今日一日も良い運に守られて過ごせるという気持ちを持つことができます。一種の暗示でもあります。祖霊さまへの感謝の祈りを怠った時には何か悪いことでも起こるかもしれないというのも習慣とする理由でもあります。

世間には運を良くするアプローチはいろいろあります。しかし、この祖霊さま感謝活動以上に効果のある手法は他にはありません。この祖霊さま感謝活動だけで十分です。それだけ効果が高いものです。

○祖霊さまを大切にする人は良い運体質に変わる

祖霊さま感謝活動は良い運体質をつくる最良の方法です。

良い運体質をつくるには、いろいろなアプローチがあります。

人類の歴史はどのように運を良くしていくかというテーマの歴史です。神社仏閣も運の観点からみますと、運を良くするための施設です。

世の中には運を良くするアプローチが無数にあります。

その中で最も重要なアプローチが祖霊さま感謝活動なのです。

昔から運を良くするには「感謝する気持ちしかない」と言われてきました。それは、その通りだと思います。そうでなければ、歴史を通じて「感謝することの重要性」は今日まで伝わっているはずはありません。

良い運というのは、実は、祖霊さまが引き寄せるものです。

祖霊さま感謝活動を行っていくと良い運体質になるのは当然です。私たちの生きる上での行為は全てが祖霊さまと共に行われていることを知りますと、「祖霊さまを大切にする人が良い運体質の人になる」という意味がよくわかります。良い運体質ができますと、何をやっても人生は良いように動いてきます。祖霊さま感謝活動をしている人が自信に満ちあふれているのはこういった理由からです。

二、運命に身を委ねる

運命に身を委ねるという生き方はすばらしいものです。自分が楽になります。起こることは何でもあり、という人生観ですから、そこで一つひとつに対して一喜一憂することがなくなります。運命に身を委ねるとは、見えない働きに身を委ねるという意味です。昔は、この身を委ねる対象が神仏でしたが、今は三十名の祖霊さまになっています。抽象的な神仏よりも現実の自分をこの世に送り出した祖霊さまの方が身近に感じられるからです。

運命に身を委ねる生き方は、祖霊さまに身を委ねる生き方に他ならないのです。

○運命に身を委ねる生き方

運命論者という表現があります。

これは「自らに定められた運命のままに生きる」という意味であります。

多くの人の場合は、この一生は自分の努力次第で変えられるものであると信じ、そのための努力をしています。確かに日々の生活においては自分の判断のままに努力を重ねていく必要があります。日々の努力と運命論者になるというのは矛盾する生き方のようにも思えます。しかし、私はこれは同じことだと考えています。運命の流れに身を任せながらも自分の意思の及ぶ範囲では精一杯努力をするという意味であります。

「人事を尽くして天命を待つ」という言葉は、この二つのテーマを如実に表現しています。「やるべき努力は尽くして、あとは天命の意思に身を委ねる」ということからスタートしています。「起こったことには意味がある」「起こったことから何を学んで生きるのか」が重要であるといいます。人生を生きる上での姿勢がそこに横たわっています。祖霊さま感謝活動もあらゆることを受け入れる作業であります。起こったことは起こったこととして、そこからどう人生を組み立て直していくか、運命論者の心の生き方がそこにあります。

○三十名のおもいの継承

上四代の祖霊さまからいろいろなものを継承されているというのはどういう意味でしょうか。遺伝子的に継承されていることは紛れもない事実です。

しかし、それ以上に三十名のそれぞれの「おもい」や人生の功績をも継承していると考えることも必要です。上から下への「情報」の継承は「意識」「認識」によって行われるものです。

今流で言えば親から子への継承されるものは「情報」と言うことになります。ＤＮＡ遺伝子によって継承されるのは単に肉体的形質だけでなく「情報」も継承されると考えられます。宇宙が意識の大海原だからこそ情報が伝搬されていくのです。

○子孫のために良いおもいを貯蓄する

昔の人は家に災いが起こると「祖霊さまが蓄えた人のために尽くした善行の貯蓄が底をついたときだ」と理解しました。それと同時に、最近の自分のふるまいを見つめ直し、新たな善行へと踏み出したのです。

確かに、現実にもそうおもうようなことが沢山あります。

社会的に良いことを沢山した祖霊さまの家で生まれますと世間も温かい目でその子孫をみてくれます。そこには、多くの良い出会いが生まれ、良い仕事がやってきます。ところが何かがあって嫌なことが起こりますと、人の見方や付き合い方が途端に変わってしまいます。

祖霊さまに生かされているという気持ちは、祖霊さまからいただいた善行という財産を守り続ける作業でもあります。

祖霊さまは私たちに罰は与えません。足を引っ張るようなことはしません。

しかし、祖霊さまへの感謝する心が薄くなったとき、知らず間に人の流れが大きく変わっていくのです。私たちの今世での役割は自分の人生のためでもありますが、同時に子孫のためでもあります。子孫のためにも善行の徳を積んでいく必要があります。そうです、徳を積もうというあなたの気持ちがあなたの人生を変え、あなたを素晴らしい人へと成長させてくれるものです。

本来は「徳を積む」という行為は「運」のテーマであります。

人のために尽くすという生き方は良い運を呼び込むものです。これが同時に子孫のためにもなるのです。そう思うことから第一歩が始まります。一人だけの人生ではないのです。どうぞ、徳を積んでくださいね。

〈大切な言葉〉

祖霊さまはあなたのために運の貯蓄を沢山残してくださっております。

○生まれの選択

親は子を選べないし、子も親を選べない。

自分で親を選んで生まれてきたのなら愚痴も出ないし、悩むこともありません。しかし、親子の関係は、ある意味では、勝手に天が定めたものであります。この与えられた関係から人生をスタートしなさい、と言われているようなものです。よく産科で「子は親を選んで生まれてきた」という言い方をします。母親を励ます意味で言っているのでしょうが、実際には子は親を選べないし、自分の意思を超えた力が働いて、親子のご縁を結ばされているということになります。

実は、この関係のような事は一生の人生では、さまざまな場面で起こっています。

私たちは、親を選べないと同時に、生まれた時代や地域を選べません。人の出会いや進学や職業や職場も自分で選んだと思っていますが、実は「選ばされた」と考えた方が腑に落ちます。人生の出会いや出来事には何らかの宇宙の意志が働いており、予定されたものであり、必然です。これが運命論的な捉え方であり、人生観です。

この運命論的な人生観において重要なことが、まさに出生にあります。

親は子を選べないし、子は親を選べない。その事実を受け入れて、それぞれの家庭環境の中から人生の第一歩を踏み出していく、そのことの重要性に気付きさえすれば誰でもが素晴らしい人生を歩むことができるものです。このことに気づけるか否かが生まれてきた人生を豊かに素晴らしいことにできるか否かの分かれ道というわけです。

この「生まれの選択」のテーマを解決するのが祖霊さま三十名図にあります。今の親子関係だけで見るのではなく上四代三十名の時空を超えた関係で、自分のこの世に生まれてきた意義を見つけていく、そこに「生まれの選択」の主役は自分ではなく上四代の祖霊さまということを知ることになります。

○さまざまな「感謝」と祖霊さまへの感謝の関係

世の中では「感謝の心」の重要さが叫ばれています。

多くの場合は、ビジネスの最前線で「お客様への感謝」という言い方をします。

そして、「感謝の気持ちこそが成功を導くものであり、良い運やチャンスを呼び込むことである」

という言い方です。

確かに結論としては、それは正しいことです。

しかし、様々な「感謝活動」の原点になる祖霊さまへの感謝を怠っては、全ては意味のないことになります。祖霊さまとのご縁の結び直し、日々の祖霊さまへの感謝活動ができて、初めて他の様々な感謝活動が良い運を呼び込む本物の活動になっていくものです。

しかし実際のビジネスや生活の現場を見ますと、「お客様への感謝」を説いている反面、自分の祖霊さまと対立し、家族間の争いで、葛藤している人が見うけられます。そのような人の「お客様への感謝」は偽りの感謝であり、その人に良い運を呼び込むものにはなりません。いずれその人は運が逃げ晩年は不運のうちに一生が終わることになります。

その意味でも祖霊さまへの感謝活動は最も重要な作業であります。

この世に生まれた意義も、自からの祖霊さまの存在や祖霊さまへのおもいを前提としなければなりません。現実の両親や祖父母は必ずしも世間的に尊敬できる人だけではありません。しかし、「生んでくれたおかげで現在の自分がいる」という事実を知りますと、その親の姿からいろいろなことが学べるものです。

ていきます。

○祖霊さまに身を委ねるということは「なんでもあり」と受け入れること

祖霊さま感謝活動は「何でもあり」「起こったことはすべて受け入れる」ということを前提としています。

この受け入れることさえできれば、あとは全てを祖霊さまに身を委ねることになります。

祖霊さま感謝活動のすごさはここにあります。起こったことは起こるべくして起こったことと考えますと、その起こったことには原因があります。この原因を取り除き改善していかない限りは何度も同じことが起こり、同じ状況に立たされるものです。ですから、起こったことの原因の早急な対応さえすれば、あらゆることが良いように変わっていきます。

感謝活動は実践の活動です。

その実践とは、日々の祖霊さまへの感謝と願いと祈りに対する行動のことです。

三、あなたの名前には祖霊さまのおもいが込められている

「人の存在の証しは名前である」という言い方があります。また「私たちの人生は名を刻むためにある」という言い方もあります。それほど名前は重要なのです。祖霊さまのおもいという視点で考えますと、名前には祖霊さまのおもいが込められていることが解ります。名前に託したおもいは、両親のその時の気持ちと考えられがちですが、祖霊さまの情報の流れからしますと、両親だけが決めたものではありません。祖霊さまへの感謝活動は、自分の名前を愛することから始まります。

○あなたの名前には祖霊さまのおもいが込められている

自分の名前を改名する人がいます。

改名したくなる人は、今の自分を変えたいという人と、見えない世界における改名の力を必要以上に信じている人です。中には長い人生で数十回も改名する人もおります。悪いことが起こる度に

名前のせいだということです。

しかし、祖霊さまの法則からしますと、生まれたときに与えられた名前が最高の名前です。子の名前には、祖霊さまのおもいが込められています。人間の存在は名前によって示されます。この祖霊さまから与えられた名前を改名することは祖霊さまのご縁を断ち切ることであり、運ということからは最悪の行為です。良い運を逃すことになります。

「名」は、その人の個としての存在の証しです。

人の人生は、その人の「名と共にある」という表現があります。

「人は自分の名を刻むために旅をしている」という言い方もあります。

「姓」には、一族のおもいが伝えられていますが。「名」には、その人一人ひとりに対する親のおもいが込められています。

その人の「名」は、名をつけたときの親の気持ちであり、家族の生活の実情です。

よく自分の名前を改名する人がいます。その人の人生があまり思うようにいかないときに名前のせいだと思い、開運の名前にするときっと良い人生を歩めるに違いないということからしますと、それこそが良い運を逃がしてしまいます。

自分の名に託された祖霊さまのおもいを大切にして、自分の名前に誇りをもって生きる、これこそが開運になるのです。

○「苗字（姓）」に祖霊さまのおもいが込められている

「苗字（姓）」は家族の継承の証しです。

人は生きていく上ではいろいろなグループに属することになります。そのグループの一つが自分の家族です。この家族のシンボルとしての役割を果たしているのが「苗字（姓）」です。

社会では個としての存在の前に「家」としての存在を重視します。「苗字（姓）」を聞かれるのはその意味です。しかし、祖霊さまのしくみからしますと、自分が今、名乗っている「苗字（姓）」は、上四代十六名の家の一つに過ぎません。今、名乗っている「苗字」は家族制度として名乗っているにすぎません。「苗字（姓）」はその人の「存在の証し」として見られますが、上四代の姓は十六家にあります。自分の存在は十六家、十六姓にあるという意味です。

その意味では、なるべく上四代十六家の姓を調べてみるのもおもしろいでしょう。

○あなたは祖霊さまと関係のある日に生まれたのです

あなたは自分の生まれが両親を含めた祖霊さまと関係の深い日に生まれてきたことを知っていま

すか。生まれた日は単なる偶然ではありません。

私が長年の研究で解ったことは、あなたが生まれた日は偶然ではなく、祖霊さまと関係のある日に生まれたということです。この事実を知ったとき、いかに祖霊さまとのご縁でこの世に生まれてきたかということに思いを深くします。

誕生日というのは私たちにとって大切な一つの情報です。

この誕生日は生まれて後の人生においては、さまざまな場面で影響を与え、諸々の証明としての役割も担っています。この人生に影響を及ぼす誕生日が偶然ではなく必然だとしますと、その情報は祖霊さまから子孫へ伝えるメッセージということになります。そして、それぞれに必要な日に生まれを設定されていたことを深く受け止める必要があります。祖霊さまとご縁がある日に生を受けるという事実から、見えない働きや祖霊さまの存在を確信することができます。この世に生まれてきたというのも、こういった祖霊さまのしかけがあったからです。

○本当に生まれた日と戸籍は祖霊さまと関係のある日になっています

よく心相科学技法と関連して質問されることがあります。

「本当に生まれた日と戸籍上の生まれた日はどちらが大切ですか」

「本当に生まれた日は忘れてしまっていますが戸籍上の誕生日で大丈夫ですか」という質問です。

このように二つの誕生日のある人は、親の都合でそうなっている人です。年末のいそがしい日に生まれたなら、年が明けて縁起のよい正月三が日に届けを出すという具合です。

この二つの情報はどちらが重要でしょうか。

現代科学を信じている人は本当に生まれた日が重要だと考えることでしょう。

しかし、長年の研究からわかったことは、戸籍として届けた日は知らずうちに親や祖霊さまと関係のある日に出されているということです。

このことからわかることは私たちの出生というのは、単なる偶然ではないということです。

祖霊さまの継承の流れに合った日を選んで、あなたをこの世に送り出しているのです。

私たちはこの事実さえ知らずに、あらゆることを偶然として片づけています。しかし、生まれが偶然ではなく、祖霊さまとのご縁のある日に「意図をもって生まれた」としますと、これを知るだけで祖霊さまの存在が大きくなってきます。

四、親おもいの子供に育てる

親や祖霊さまをおもう心は、親おもいの子供を育てることから始めなければなりません。祖霊さまにとっての一番の子というのは、言うまでもなく親おもいの子供のことです。祖霊さま三十名の継承は、本来なら親をおもう心の継承でなければならないからです。人を育てるという意味では、「子育て」「教育」という言葉があります。この言葉の目ざすものが親おもいの子供を育てることにあるのです。それができなければ、祖霊さまに守られて生きていることも空ごとになってしまいます。

○人間として最高の人生とは親孝行の子として一生を終えること

人は皆幸せになりたいと思って生きています。

何が幸せかは人それぞれによって異なりますが、一度しかない人生を悔いのないように歩んでいきたいということについては、誰しも一致するところであります。これは全ての人の心の内のことです。

一方、第三者から評価される良い人生とはどんな人生でしょうか。

名誉や地位やお金は他者からの評価にはなりません。それは結果に過ぎないものです。では他者からの評価を受ける人生とはどんな人生でしょうか。

それは言うまでもなく親孝行の子として一生を終えるという人の姿に対してです。

人には誰しも親がおります。

だからこそ親孝行の人生を送っている人を見ますと、自分のことのように羨望のまなざしで評価せざるを得ないのです。

親孝行というのは親へのおもいやりが深い人のことです。

人間の器で言いますと、おもいやりの心の深い人が人間の器なのです。そして、そのおもいやりの心とは、親をおもう心のことを言います。「人生とは祖霊さま三十名と共に歩む旅である」と言いました。親をおもう心をもう少し深めますと、自分に命を伝えてくださった多くの祖霊さまへの「おもい」にたどり着きます。

こういった心を持った人は、人からも評価されてすばらしい人生を歩めるものです。

○親おもいの子供に育てる

親子の関係で言いますと、子の将来の姿は「親孝行の子」に育ってくれることが一番です。名誉や地位や金ではありません。名誉や地位や金がなくても親おもいの子であり自分で出来る範囲で精一杯親の面倒を看てくれます。

そういった子供に出会え、一生を子に支えられて生きていく、こんなに幸せなことは他にはありません。

この親をおもう気持ちは親が他界しても変わらずに子の心にあり続け、その気持ちは毎日の感謝の祈りとなって続いていくのです。お墓参りも欠かさないという気持ちは生前の親おもいの気持ちと何ら変わることはありません。親おもいの子は、祖霊さま三十名に対しても同様に祖霊さまをおもいやる気持ちへと成長していきます。この意味が解りますと親の子育ては「親おもいの子に育てる」ということに尽きるものです。

ではどうすれば親おもいの子に育つのでしょうか。

これは子を持つ親の子育ての仕方という意味です。それには特別なことは必要ありません。幼いころから「あなたは本当に親おもいのいい子だね」ということを繰り返し子に伝えることで十分です。あなたに子や孫がいるとしますと下四代へのやるべきことは、まず、親おもいの子に育てることであります。そのように育てられた子は、やがて祖霊さま三十名の存在に気づき、祖霊さまおもいの人に成長するものです。

○幼い頃から家の「中心」と祖霊さまを大切にすることを教えておく

家には中心が必要です。
家族の運は「中心」を中心として動いています。

そして、この「中心」となる礼拝対象は祖霊さまと通ずる情報をやり取りする窓口になっています。親おもいの子に育てる上でこの「中心」をつくることは必須の事柄です。子や孫がおりますと、あなたが日頃から「中心」に向かってあいさつをし、感謝の言葉をのべている姿が最高の子育てになります。

「中心」を大切にするということは、そのまま祖霊さまを大切にすることを意味します。ですから、いかに「中心」が大切なのかを伝えているのです。

五、祖霊さまとのさまざまな関係

祖霊さまの存在を考えますと、いろいろと考えることがあります。

「祖霊さまに喜んでもらうには何をすればよいのでしょうか」

そういったことを考えますとやるべきことが少しは見えてきたように思えます。

ここでは、いろいろな人との関係を見ていきましょう。また、祖霊さまが喜ぶこと悲しむこ
とも考えておきましょう。

○親より先に旅立った子の役割

人生では自分より先に旅立った子や孫がいる人もおります。

「親より先に逝く親不孝はなし」という言葉があります。

愛する我が子を失う悲しみは言葉には尽くせないものがあります。

親に悲しみを与えるという意味ではこれ以上の親不孝はありません。

親の本来の役割は、自分が生きている間中は、子や孫を見守るということにあります。それにもかかわらず、自分よりも先に旅立つことは考えただけで胸が張り裂けます。

しかし、親より先に逝くのも運命です。この運命の流れは、くい止めることはできません。

ですから、子に先立たれた親は、それが天の計らいであると思って運命を受け入れなければなりません。残された親はその後の人生をどう歩んでいくかを問われます。

では、こういった親より先に旅立った我が子は亡くなった後はどういう存在になるのでしょうか。

これは、祖霊さまと同じように亡くなった瞬間に「神上がる」ということで、文字通り「神」になるということになります。神になるとは、祖霊さまと同じように、生きている人を守護する存在になるということです。

仏教などでは、子が亡くなったときには成仏するようにと日々の祈りを求めることがありますが、子は亡くなった瞬間に神になるので成仏はいりません。

そして、意識の世界からしますと、子は「変わらずにそばにいる」ということになります。親の立場からしますと、わが子はいつも自分のそばに存在しているということで、残りの人生を子と共に歩んでいけるというものです。

恨みや憎しみは、人生のさまざまな過程で起こったことに過ぎません。

亡くなった後は生前の恨みや憎しみという対立はすべて大宇宙のエネルギーの中で浄化されていきます。そして、宇宙のしくみとしての祖霊さまの働きとしての役割を担うことになります。

○今やっていることが果たして人のためになることかを祖霊さまに問いかけてみましょう

私はいつも人生の大きな事柄に対する判断を求められたとき、祖霊さまに私の今の答えが正しいか否かを問いかけることにしています。

人間というのは自分の意思だけで判断しますと、ともすると私利私欲の方向への結論を選択しがちです。

見えない世界の存在や働きを信じて生きるという前提に立ちますと、自分を取りまく大いなる意思に判断を仰ぎ、自分の行為の是非を問いかけなければなりません。祖霊さま感謝活動も同じです。いつも自分の考えや行動がはたして祖霊さまの意に沿うものなのか、社会の多くの人々のためになることなのかを幾度となく問いかけなければなりません。謙虚な気持ちで祖霊さまと対峙して問いかけてみる、そうしますと、自ずからその答えが見えてきます。

祖霊さまはこういった謙虚な気持ちで人生を考えているあなたを評価します。

「願いが通ずる」というテーマですと、必ずや願いが通ずる方へと導いてくれます。「人事を尽くして祖霊さまの結論を待つ」謙虚な問いかけと、それに見合う行動があれば、あなたの意思は必ず実現するのです。

○親の面倒をとことん看ることが最高の恩返し

昔は出生率も高く、たくさんの子供を授かって、その子供たちを育てるのが親の務めでした。その子らが大人になりますと互いが協力して親の面倒を看たものでした。

昔の子育てや教育では子が成長した後は親の面倒を看るのは当然であるという前提で社会全体が動いていました。ところが少子化になり経済的に一人の子供だけで親の面倒を看られない社会状況になった途端に、誰が親の面倒を看るかは最重要課題となってきました。

これは社会システムとして、福祉のしくみが整えられれば整えられるほど、私たちの意識から自分の親の老後を看るという心が失われていきました。福祉は逆説的に家族の役割を曖昧にし、絆を弱くしてしまいました。だからこそ、今、私たちに求められている最高の人生は「福祉だけに親の面倒を任せずに自分の責任でとことん看る」ということです。

親孝行の人は良い運が味方します。

親孝行の人を運様が見捨てるはずはありません。親孝行は親への最大の恩返しになります。

○仲の悪かった親も亡くなった後はあなたを支える守護する存在となる

祖霊さま三十名はあなたを守る存在であると言いますと今現に親子の争いの葛藤を抱えている人にはにわかには信じられないことです。

親の中には子に害を及ぼすほどの人もおります。このような親が亡くなった後に神様のように自分を守る存在に変わっていくということは感情的には納得いきません。

しかし、そもそも、あなた自身がこの世に生まれてきたきっかけは親でありますし、今の存在も親がいたからこそということになります。これはあなたが親の存在を認めようが認めまいが事実としてあるのです。

親も子を守るために生まれてきたという意味では、この「守る」という役割は、親の意識の中に情報として刻まれています。

生命というのは心と体ですが、この二つには人生のさまざまなしがらみが情報として刻まれています。親も自分の人生ですし、子も自分の人生です。それぞれが自分中心の生活を送っています。しかし、この世に生まれてきたという事実は、次の世代へとつなぐという役割が刷り込まれています。親の個性や人柄や名声のあるなしを問わず亡くなった後は、守る存在へと変わっていく、これが真理です。

○今生はご縁のある人にしか出会わない

恋人、夫婦、親子、兄弟姉妹、職場、お客様、友人知人との出会いは、必然としての運命なのでしょうか。それともたまたま偶然に出会ったものなのでしょうか。

このテーマに答えを持っているか否かは大変重要です。

必然だとしますと、そこに何らかの法則があるはずですし、逆に、単なる偶然としますと、偶然として出会いたらしめていることにも何らかの法則があるはずです。

私の研究し発見した心相科学理論から見てみますと、夫婦の出会いにも出会うパターンが法則として現れておりますし、親子のご縁にも同様に出会うべくして出会ったパターンが法則としてあります。

心相科学の技法は見えない世界の働きを数字で解き明かそうとする技法です。

その理論からしますと人の出会いには、その人と関係ある数字のパターンしか現れないことを知らされます。夫婦の出会い、親子の出会いだけでなく、あらゆる人の出会いに当てはまる原理です。

この原理からしますと、祖霊さま三十名のチームになっている人はご縁のある人であり、夫婦や親子、兄弟姉妹の関係で出会った人も必然のご縁ということになります。

なぜ、必然とした出会いを天は与えたのでしょうか。その配置も良かれとしての組み合わせと考えることができます。

○祖霊さまがお世話になった人を大切にする

祖霊さま感謝活動というのは単に祖霊さま三十名への感謝を伝えるだけではありません。祖霊さま三十名には兄弟姉妹もおりますし、人生で祖霊さま三十名を支えてきた友人知人もおります。

この祖霊さま三十名を支えた多くの人がいなければ現在のあなたの存在もありません。祖霊さま三十名への感謝活動を重視するあまり、その方々に関わった人の存在を忘れがちになります。あなたが付き合いの中で祖霊さまを支えてきた人の存在を承知していることでしょう。できれば両親や祖父母が健在のうちにお世話になった方々のことを聞いておきましょう。

祖霊さまを支えた方へのご恩は、あなたにとってのご恩であります。お世話になった方々もお亡くなりになっているかも知れませんが、感謝の気持ちだけは日々忘れないでおこなってください。

○人を許すことの重要性

人を許すというのはなかなか難しいことです。

自分に不利益や害を与えた人、自分の信頼を裏切った人など、許せない理由はいろいろあります。それは感情に起因します。その許せないという感情は、その人の考えが正しいか否かに関係なしに発生します。自分が正しいと思っていた事柄でも相手からしますと相手に言い分がある場合もあります。

意識のしくみからしますと「自分のとらわれを解き放つ」というのが「許す」という行為です。あくまでもあなた自身の意識の問題です。しかし、この意識の次元での行為が良い運を引き寄せる最大な行為ということになります。日常の祖霊さまへの感謝活動はあなたとかかわる人すべてに対する感謝活動のことであります。

この活動で最も大切なことは、実は自分が嫌な人、嫌な事柄に対して、いかに受け入れて感謝できるかにあります。人を許す行為に魂の浄化があります。

○兄弟姉妹の争いが祖霊さまを一番悲しませる

兄弟姉妹で争う家族が意外と多いものです。

その原因は財産分与や両親の介護を誰が看るかということからくるものです。

いずれにしてもお金にからむ問題です。しかも、兄弟姉妹だけですと同じ血縁関係ですから、少しは収まる道も残されていますが、そこに配偶者が関わってきますと、もはや家の問題ではなくなってきます。配偶者の意見によって左右される事態となってしまうということです。

実は、祖霊さまが一番悲しむのは残された子供たちで争うことです。

最高の親孝行の子供とは、単に親が生きていた間だけの行為をみているわけではありません。親が亡くなった後も兄弟姉妹で仲良く支え合っている姿をもいいます。

人生で一番大切なことは、祖霊さまが喜んでくれることですから、争いの原因があれば、それを取り除くことです。お金は大切ですが祖霊さまを大切することの方がもっと大切です。相手に頼らずに親の面倒を看ていくという決意が必要となります。

○親子の確執

親子の確執で悩んでいる人も多いです。

確執とは、「自分の考えを主張して曲げない」という意味です。

子育てという場面でも、親は良かれと思ってしつけや教育をしても、お互いの性格や価値観やめざす人生の方向性が違っていると、そこに対立が生まれ、葛藤することになります。子育ての最大の目的は、「子供が親を尊敬できる子供に育てる」ことにあります。したがって当然、親の側にも子から尊敬される大人にならなければなりません。

子供にとっての親は祖霊さま三十名の上一代にあたります。

最も影響を受けた人ということです。だからこそ親子の関係が平穏ではなく、争いや確執の中にありますと、その人の人生が満足いくものにはなりません。生まれてきて良かった、生んでくれてありがとう、という気持ちが、良い運を呼び込む最大の行為になります。祖霊さま感謝活動は、そのような立場にある人にこそ必要です。

○家族の争い

祖霊さまの原理からしますと、家族の争いは、三十名の祖霊さまが一番悲しむことです。

人間関係というのは、赤の他人ですと嫌いなら付き合わなければすみますが、親子や兄弟姉妹はそうはいきません。血のつながりは良きにつけ悪しきにつけ私達をがんじがらめに縛り付けています。家族間での争いは深刻な状況を生じしめます。

祖霊さま感謝活動の大切さは、実はこういった争いが深刻化しやすい家族の有り様を考える上で最も重要なことです。

「祖霊さま三十名が子孫を守る役割」ということからしますと、守ってくれる存在と争っているということは、運のテーマでいえば最悪の場面です。逆に、祖霊さま感謝の活動からしますと、こういった家族問題の争いを収められた人こそ良い運が味方する人生が始まります。

家族問題が良好という人より、何らかの問題がある人のほうが現実には多いと言えます。だからこそ、この祖霊さま感謝の重要性を一人でも多くの人に知ってもらいたいのです。

○なぜ「親殺し」の人生がうまくいかないか

昔から「親殺しは」人間として最もやってはいけない行為として厳しく批判されてきました。

「親殺し」とは戦国時代のように直接に子が親を殺して、親の土地や地位を乗っ取ると言うことでありますが、命を取るということだけでなく、親を追放したり、親の築いてきた財産や地位を奪うこともこれに当たります。

こういった関係の出来事は世間にはそう多くはありません。しかし、それが衝撃的ゆえ、人々の心に深く刻まれて、あたかも日常茶飯事に起こっているような印象を与えます。親殺しの人は、その後の人生は亡びるようになっています。それは祖霊さまのしくみからしますと許されないことだからです。

親をおもいやる心が祖霊さまのしくみの生命線であります。その生命線の糸を切ってしまっては、祖霊さまが見守り支えるという働きの流れが途絶えてしまうからであります。

だからこそ、祖霊さま三十名のしくみを知って、どう両親や兄弟姉妹の関係を大切に育んでいけるかが重要になってきます。今の自分の幸福は、祖霊さまとの関係において維持されていることをおさえていく必要がそこにあります。

○親の因果は子に引き継がれるということは

「親の因果は子に報いる」という言い方があります。

これは私たちを支配している因果論（結果には必ず原因があるとする考え）からの考えです。今のあなたの不幸はあなたのせいだけではなく、あなたに命をつないだ祖霊さまから引き継がれた原因によって引き起こされているという考えです。

しかし、この考えは誤りです。

確かに私たちは祖霊さまからいろいろ伝えられています。生まれた時の境遇は、この世のスタートラインです。社会的に尊敬される親から生まれた子もおりますし、逆に人を殺した親から生まれた子もおります。この境遇の差を因果と考えがちですが、それは「与えられた材料」の問題にすぎません。私たちが生きていく過程で起こることとは全く関係ありません。

多くの人がこの因果の呪縛に苦しんでいます。悪い因果の流れを断ち切りたいと思っています。

祖霊さまは子孫を守る役割ですから、祖霊さまからの悪い影響という考えは理屈にあいません。起こることは自分のせいなのです。

○祖霊さまを大切にしなければ子孫に崇るとは

世間では、何か身辺に良くないことが起こりますと、それは祖霊さまを大切にしていないからだという言い方がされます。はたして自分の祖霊さまが大切な子孫に崇ることなどあるのでしょうか。

「祖霊さまを大切にしないから不幸が起こっている」「だから祖霊さまを大切にしなければなら

ない」という心境になって悩んでいる人がおります。その心情は理解できます。私たちは今まで、そういって教えられてきたからです。

では、答えはどうでしょうか。

祖霊さまは子孫に祟ることは全くありません。それが結論です。

不幸が起こっていることは、祖霊さまが子孫に祟っているからではなく、祖霊さまを大切にしないために自らの運を逃してしまったために、そういう事態に陥ってしまっているということです。

では、今後は、どうしなければならないのでしょうか。

「今から祖霊さまを大切にしましょう」「お墓参りに行きましょう」「仏壇に手を合わせましょう」というのはどうでしょうか。この行為自体はいいことですから、そこから良い運に転ずることになります。

「祟る」ということを通じて祖霊さま感謝活動の大切さを伝えているのです。

六、祖霊さまを知る活動

あなたは、今まで、自分の上四代三十名の祖霊さまのことは考えたこともなかったことでしょう。当然に祖霊さま一人ひとりの人生に関心を持つこともなかったことでしょう。

しかし、一旦、祖霊さまの存在を知ってからは、三十名の祖霊さまの足跡が気になってくることでしょう。

三十名の祖霊さま全ての足跡を知ることは難しいですが、できるだけ祖霊さまを知る作業をすることは重要なことです。

どうぞ、いろいろ情報を駆使して祖霊さまの足跡を調べてみてください。

そして、何よりも、祖霊さまとかかわりのある場所を訪ねてみることです。

新しい探検の始まりです。

○祖霊さまの子孫にとって祖霊さまの故郷の意味は

世の中には、故郷を離れて、生活の拠点を新しい土地に移している人がおります。確かに、新しい土地で生まれたあなたにとって、暮らしたこともない両親の故郷などは、何の意味も持ちません。両親の故郷を忘れたからと言って人生には影響がないように思えます。しかし、両親である祖霊さまとの関係で言いますと、祖霊さまに関係する故郷は無視できない大切な要素です。祖霊さまがどういう思いで故郷を旅立ってきたか、どういう思いを故郷に残して来たかは、あなたの潜在意識に刻まれています。

祖霊さまが生まれた土地を振り返ってみる、これもあなたにとって大切な作業の一つです。

○祖霊さまとご縁のあった土地を訪ねてみる

子供の頃、祖霊さまが旅の途中に岩清水を飲んで喉を潤した場所を一族で感謝の祈りをしていたことを思い出します。そういったように祖霊さまが人生の途中で住んでいた場所を訪ねるということは、祖霊さまを理解する上では大変重要です。祖霊さまが青春を過ごした場所に行ってみると、祖霊さまのおもいが蘇ってきます。

「ああ、こういう街で、こういった人たちと時間を共にしていたのか」と思うだけで、祖霊さまへの思い出が強くなっていきます。

私も東京に来て今日まで七回も転居しました。

それぞれの街には、それぞれの思い出があり、そこにはご縁をいただいた人々とのドラマがあります。今日の私はまぎれもなく、こういった街のたたずまいと、そこで出会った人々とのご縁によって築かれたものです。

このことを考えますと、祖霊さま三十名の皆さんとご縁のあった土地を訪ねる作業は、一歩祖霊さまのおもいを理解することに近づくことになります。これも大切な旅と言えます。

◯祖霊さまの土地と家を守る大切さ

土地や家というのは人が生きていく上ではなくてはならない大切なものです。

昔も今も土地を手に入れ、そこに家を建てるということは一生一代の大仕事です。

一つの家が建つというのには、さまざまな思いのドラマがあります。こういったことを考えますと、祖霊さまが人生を懸けて手に入れて、そこに生活してきた土地や建物には祖霊さまの命が宿っているると考えた方が自然です。

こう考えますと、子孫は原則として、その土地や建物を守らなければなりません。

土地の上に立つ建物は時の経過とともに朽ち果てていきますので、いつかは壊して新しく建て替えなければなりません。しかし、土地はできることなら守って、次の世代へと伝えた方が良いでしょう。

財産分与という制度は非情なもので、祖霊さまの土地や建物を他人へ手放すことになります。

この問題をどう解決するかを考えることが必要です。

○墓守をする

「墓守り」という言葉があります。

大体の場合は、弟子や仕えていた者が師や主人の墓を守って一生を捧げる例として言われています。

守られる側の人物というのは、それなりに多くの人に尊敬された人物ということであります。墓守りは一人の人の場合もありますし、時代を通じて多くの人に慕われて、お墓参りの客が途切れないという場合もあります。

私たちはできることなら、旅立った後も墓守りをしてくれる人に出会いたいものです。そのためには、人に尊敬される人になることです。多くの場合は、その人に救われたというご縁の人が墓守りとして一生わ貫き通すものです。

祖霊さま感謝活動では、生きているあなたが祖霊さまの墓守りをするという活動でもあります。生きている限り、暇をみつけては、墓の掃除に出かけ、きれいにする、祖霊さまに感謝の気持ちを伝え続ける、この墓守りのお役をきちんとして、祖霊さまのもとに旅立っていくということです。

○お墓は決して怖いところでも不浄なところでもありません

私もそうですが多くの人がお墓は怖いところで不浄なところだと思っています。

お墓には幽霊がいると信じている人もおります。なるべくお墓には近づかない、お墓の周辺には住まないというようなものです。

確かに、昔は土葬や風葬が一般的でしたから、人は死んでしまうと腐敗し死臭が漂います。生前の優しき祖霊さまの姿はそこにはありません。朽ち果てた姿は不浄そのものに映って見えます。こういった感情が実は祖霊さまを遠ざけてしまっています。死を忌み嫌い、かかわることを拒んでしまいます。

ところが祖霊さま感謝活動の原理からしますと、死は決して不浄なものでも遠ざけるものでもありません。死は生と表裏一体の関係にあり、人生の流れの中では生と同じように重要な場面なのです。

お墓には祖霊さまの遺骨が納められています。墓地は多くの祖霊さまが祀られています。むしろ、私たちにとっては多くの人のご縁に出会う場所になっています。

○お墓の役割

お墓参りが重要な祖霊さまご縁感謝活動の実践であります。

お墓には祖霊さまの遺骨が納められています。

日本の精神文化では「モノには命（いのち）が宿る」という考えがあります。森羅万象のあらゆるものに固有の霊が宿るという考えです。これを精霊信仰といいます。

この考えからしますと、当然に祖霊さまの遺骨には、祖霊さまの霊が宿っているということになります。日本人ほど死者の遺骨に執着し重要視する民族は他にはありません。祖霊さまの遺骨の納められているところは、その場所に行きさえすれば、その思いに触れることができると考えました。この考えからしますと確かに祖霊さまは、墓にお眠りになっているということになります。

○墓守や仏壇神棚の守りは長子でなくても良い

日本全体もそうですが、私の故郷でもお墓を管理し、仏壇やお位牌は男性長子がみなければならないとされています。

このことはあたかも神仏の世界のおきてのように受け止められており、それに反する処遇はその一族に災いが起きるとされています。

しかし、この長子相続には霊的に何の意味もありません。

祖霊さまを大切にする気持ちの強い子供が引き継ぐことがベストであります。長子相続は日本社会の長年のしきたりや風習や社会の統治制度であった「長子相続制度」や「家督制度」に依拠するものです。「長子がお墓や仏壇や位牌を管理する」ということを制度化しておくと、家族間での争いが起こりません。

この制度は、実は一方では「家の財産は全て長子に相続させる」ということが前提となっていました。「財産をお前にやるから親の面倒や仏壇や位牌の管理は任せたよ」というようなしくみです。

しかし、長い習慣の中で、いつしか神仏に関することは長子がやらなければ天罰が下るというように変わっていきました。

祖霊さま三十名のしくみから言いますと、それぞれで祖霊さまをみれば良いということになり、親や祖霊さまへのおもいのある人なら誰でもいいということになります。

○心相科学で祖霊さまの情報を調べてみる

心相科学の技法は「祖霊さまから伝えられた情報は何か」ということを知るための技法としては大変優れています。

なぜかと言いますと、既存の占いには時間軸の設計図がありません。横軸に広がる空間に関する情報しか発見され継承されておりません。親から子へという縦の流れの情報をみるものにはなっていないのです。その点、心相科学には親から子への縦の流れの情報がわかる設計図（求心図）があります。

心相数は数字に託され刻まれた親から子への情報の記録です。

これは親から子へどのような情報が伝えられたかがよくわかります。そして、親子や兄弟姉妹の関係や誰が家を継ぐかがわかります。

○心相数をみると祖霊さまから伝わった情報がわかる

祖霊さまのワークショップや日々の感謝活動と祖霊さまの一人ひとりの情報は直接には関係がありません。ただ、祖霊さま三十名からどのような情報が自分に伝えられたかを知る上では大変重要です。

この世は情報の大海原です。

ありとあらゆるものが「情報」として認識されて処理されていきます。祖霊さまに関するものもすべてが情報です。祖霊さまからおもいが伝えられたという言い方も情報の問題です。この情報を精査し視覚として確認する手段が「数字」であります。祖霊さまの情報を数値化するということは、この数値化された情報は見えない世界の情報との関係でとらえられがちですが、それを少し科学的なアプローチで明らかにしようとするのが家系図として示された祖霊さま三十名の情報です。数値化された情報には運命を垣間見ることができるものです。

七、日本の生命観

祖霊さまの存在は日本的な考えが背景にあります。

日本は「生命の信仰」という言葉で表現していますように、すべてが命のテーマにつながっていきます。祖霊さまが子孫を守る役割というのも、この命の思想に由来しています。

ここでは、日本人が育んできたものの見方や習慣を紹介したいと思います。

この日本人が育んできた生命観を知るだけで、祖霊さまを敬う心が芽生えてくるに違いありません。

○日本の「生命の信仰」とは

日本人の生命観は素晴らしいものがあります。

日本の生命のスタートは、おなかに宿したときから始まります。

東洋の数には○（ゼロ）がありませんので、おなかに宿した瞬間に一歳とカウントされます。

おなかに宿したときとは、今の自然科学の生命原理でいいますと、精子が卵子にたどり着いて、受精卵になった時をいいます。受精の時から命のカウントが始まり、十月十日（満では約九ヶ月余り）の受胎期間を経て、世間でいう「出産」になります。西洋の歳の数え方ですと、オギャーと産まれたときから命のカウントが始まります。この命のカウントをどこから数えるかが、そのまま「生命」をどうみているかの生命観になります。

日本はおなかに宿したときが一歳ですから、受胎の期間も胎児を命とみて、大切に扱っていました。

一方、西洋は受胎期間はカウントが始まっていませんので、おなかに宿した期間の扱いに苦慮しました。日本ではいろいろな事情で出生を待たずして亡くなった生命を水子として大切に葬り供養しました。これも命の起算による考えです。祖霊さまから伝えられた命は最も大切なものとして出生を楽しみにしたものです。祖霊さまを大切にする心はそのまま生命を大切にする心にも通ずるものがあるのです。

この生命観を強固にする、これが人生なのです。

○身体は預かりもの

「子は天からの授かりもの」という言い方があります。同じように、私たちの身体も「天からの授かりもの」と言われています。

しかし、身体は天からの授かりものではありません。

人は、「授かったものは自分のもの、いただいたからには、自分でどう扱っても構わない」という気持ちになります。病気になっても自分の身体だから構わないのだという理屈です。多くの人がおいしいからといって、身体に悪い食べ物も平気で食べています。快いからといって、健康に悪い生活をしています。

私の故郷の沖縄は、昔は男女ともに日本一の長寿県のときがありました。しかし、今は男女ともに日本一の座を譲り渡しています。男性に限っては、四十七都道府県中三十六位に転落。その原因は、米国フードや車社会にあります。これは沖縄だけの問題ではありません。日本中がそういった食習慣になってしまっています。生活習慣病が現代の特徴的な病状になっています。

生活習慣病の改善について様々な提言がなされていますが、「身体は授かりもの」と言う考えを改めなければ、根本的な解決になりません。

めざすべきことは、「身体は天からの預かりもの」という考えです。

生きるために預かっているからこそ、大切に付き合わなければならないのです。祖霊さま感謝活動は体を通して行うものだからです。

○日本の食べ物の二つの教え

日本は食について二つの教えがあります。

一つは「食べ物で体質が変わる」ということです。

これは、天や祖霊さまから預かった身体を健康に保つためには「身体に良いものを食する」という考えです。農薬や添加物など健康を害するものをなるべく食べないということであります。最近の有機栽培の農作物や無添加の食品に対するニーズは良い傾向といえます。農薬は、私たちの母なる大地を傷つけています。農薬は、他の生命の共存共栄のしくみを崩しています。「身体は天からの預かりもの」との考えからしますと、身体に悪いものを提供している今の食環境は大きな問題です。農薬や添加物はそれを供与する側にとっては、大きな利益が転がりこむしくみになっています。

二つ目は、食べられていることへの「感謝の気持ちを持つ」という教えです。

この教えにも二つあります。

①口に運ばれるもの全ての行為や人や存在に感謝することです。

天地への感謝、つくってくれた農家の人への感謝、運んでくれた人への感謝、料理を作ってくれた人への感謝です。私たちは食べるものを当たり前に食べていますが、実はいろいろな要素が関わって食となり、身体を維持しているのです。

②すべての犠牲になった命への償いの気持ちです。

私たちが食するものは、すべてが他の命であり、この命をいただいて、自分の命を維持しているのです。

宗教の中には、動物を食べることを禁ずるのがあります。

しかし、野菜は食べてはいけないという考えはありません。仏教伝来以前の日本の食に対する考えは、「生きとし生けるものは全て尊い命である」という考えです。ですから野菜は食べてはいいが肉は食べてはいけないと言う考えはありませんでした。命としては肉も野菜も同じものだからです。

おそらく、肉食を禁じたのには二つの理由があったのでしょう。

一つは動物を食するリスクからです。動物に寄生する寄生虫やウィルスから身を守ると言うことでしょう。もう一つが、動物を今のように飼育するとなると、人が食する量の数倍のエサを必要とします。こういった現実的な理由が宗教の中では神仏の意思に反するものとして禁じられたようです。

日本の命に対する償いとしての感謝は世界の考えにはありません。

命に対する感謝の気持ちは、今後の「生命の信仰」として重要な視点になっています。

私たちの身体は他の生命を犠牲にして成り立っているということが、一度しかない自分の人生を考えるヒントであり答えであります。今のように、有機物や無農薬、無添加を求め、身体を健康にするのは良いことです。しかし、真に自分の人生を変えるには、他の生命への感謝の気持ちとして、償いの気持ちに気づくことです。

「身体は預かり物」ということから、私たちの人生がスタートしています。

預かっているからこそ健康体でいなければならないのです。祖霊さまから預かっているこの体を持って、この一生をどう歩んでいくかを考えなければなりません。そう考えれば考えるほど、この世はすべて関連があって成り立っていることに気づきます。

これは、なぜ生まれてきたかという根本的なテーマなのです。

〈食の二つの教え〉

A	B	
食べ物	食べ方	
食材へのこだわり・体にいいものを食べる 無農薬・無添加・有機栽培	二つの感謝	
	天地の恵み・農家の人 運んでくれた人 料理してくれた人への感謝	食の犠牲になった全ての命に 償いとしての感謝

○生きとし生けるものは同じ命

生きとし生けるものは「同じ生命」と言う考えがあります。

その考えがないと、世間で言われている「感謝の気持ち」の重要性は成り立ちません。

この考えは「同じ目線」になるということです。同じ目線にならないと、人を差別することになってしまいます。

日本の精神文化は「生きとし生ける者は同じ命」という考えを基本としています。自然界においては、人間中心の秩序ではなく、同じ命として共存共生した存在ということです。ですから、古代の日本の信仰は、山や川や木といった自然のあらゆるものに命が宿ると考え畏敬崇拝の対象としておりました。

また西洋の科学文明では、恒常性のあるものだけを「生命」としていましたが日本ではすべての形あるものには命が宿るとして、恒常性のない無機物さえも命として扱っていました。

これを精霊信仰といいます。

「宇宙万物はエネルギー体である」という物理学の考えから言いますと、日本の生命観とはエネルギーのしくみに合った見方ということができます。

祖霊さま感謝活動は、他者に優しいものの見方が求められています。人に対してだけでなく、動物や植物やこの世に存在する形あるものにさえ優しい目を求めています。

普遍的な感謝の気持ちは、ここから養われているのです。

○身体は分け霊（わけみたま）

日本の精神文化における身体観は「身体は神と分け霊」というものです。これを分霊信仰といいます。

西洋のキリスト教では、創造主である神と、創られた人は別のものです。

しかし、日本では神と人は同じ霊性を持った存在と言うことです。「西洋には法の下の平等」という考えがあります。全ての人は法の下で平等であると言う考えは「人と人は神の前で平等」という考えの裏返しです。人と人は平等でありますが神とは平等ではないということです。

「日本の平等思想」は神と同じ霊性でありますから、神とも平等ということになります。これは「普遍的平等主義」と言える考えです。

日本の神道では、人は亡くなりますと「神上がる」と表現します。

文字通り「神になる」ということです。生まれてくる時も人は神だし、亡くなった後も神であるということです。祖霊さまが亡くなった後に子孫を守る存在になるというのは、こういった理屈もあります。

神道的には、亡くなった仏は神になり、子孫を見守り支える存在になります。日本の分霊思想からは、祖霊さまは当然に子孫を見守り支える存在ということがわかっていただけるでしょう。

◯あなたの性格情報は、祖霊さまからのDNAと両親からの影響でつくられたもの

私たちの性格はどのようにして作られたかについては、おそらく人類が個を意識し始めた頃からの重要なテーマであったに違いありません。

人間の行動態様を学問的テーマとする心理学においては、最も古い分野が「性格心理学」です。これは人間の永遠のテーマである「自分とは何か」に関係するものであります。

性格がどのように作られるかには二つの考えがあります。

一つは親から子へ見えない因子のようなものが伝えられたとするものです。この因子は現在ではDNA遺伝子として伝えられている情報のことです。「キャラクター」という言い方は、これに近

いものです。

もう一つの考えは、人間は社会的動物ですから生まれた後の学習や環境から影響を受けます。性格は、この学習と環境から自ら身に付けたものというわけです。「パーソナリティー」という言葉は、この意味になります。

この二つの考えは、それぞれに納得できるものがあります。結論から言えば、この二つの説が統合して備わったのが「性格」なのです。ですから今の性格心理学は、この二つの説の折衷と考えた方が正確といえます。DNA遺伝子によって作られているという考えは、子供を持つ親は日々感じています。第一子と第二子では育てる環境や主体が同じであるはずなのに、生まれて一ヵ月で泣き方やぐずり方が異なっています。何かしら伝えられたものが違うのではないかと感じるのです。

一方、生まれて後の学習（体験）や親のしつけ等の影響で性格が変わっていくというのも実感としてあります。

祖霊さまのしくみをこの二つの考えに当てはめてみましょう

祖霊さま三十名からは、紛れもなくDNA遺伝子によって伝えられたものがあります。遺伝子として伝えられる精神的形質としての情報がこれにあたります。ですから、上四代三十名の性格情報は、子孫であるあなたに伝えられ、あなたを創っているといえます。一方、生まれた後は、この社会で生きるために必要な情報が次々と組み込まれていきます。

この後天的に組み込むしくみが学習と環境です。

特に、幼児期の親から入力される情報は決定的です。自分がＤＮＡ遺伝子として持っている情報が、潰されない場合は、「自分らしさ」を大いに開花しています。逆に両親と正反対のＤＮＡ遺伝子の性格情報を持っている場合には、そこに反発が起こり心の葛藤となってしまいます。しかし、この性格情報も、天の意思であると考えますと、親と子が異なった性格であるということも意味があることです。

「性格が違う」というのは「異なった能力を持っている」という意味です。

親から子への性格情報の継承は、祖霊さまの流れを維持していくための働きであることとわかってきます。自分の性格からスタートするというのは、祖霊さまの流れを守る役割であります。

八、子孫のために地球自然を守る

下四代の子孫まで守る義務があるというのが、祖霊さまのしくみです。

このことから考えられるのが、子孫が生きていく地球自然環境の保全です。未来の地球自然環境がどうなっているのかは予測がつきませんが、その悪化を遅らせることへの努力は必要です。

今までは、地球自然環境のテーマは、他人事のように思っていましたが、子孫のことを考えますと他人ごとではありません。地球環境の保全を祖霊さまのしくみから考えますと、日々の感謝活動においても最重要な課題となってきます。

○地球を愛する心をもつ

私たちは、日頃、地球のことを考えることなく生活しています。

昔のように物理学が発達していない時代なら、地球や宇宙のしくみを私たちが知るよしもありませんでしたから、単に人と人との事だけを考えれば足りたものです。しかし、今のように地球や宇宙の存在のしくみがわかってまいりますと、地球に対するあるおもいが生まれてきます。

そのおもいとは「私たちは地球の上で生かされて生きている」ということです。

最近は、自然環境の重要性が叫ばれるようになりましたから、自然環境の前に地球を加えて「地球自然環境」という言葉が一般的になってきています。しかし、本当の意味で、地球の大切さを痛感している人は少ないと言えます。

海は「母なる大海」という言い方をしましたが、今や地球が「母なる天体」という重要な存在になっています。「地球は生きている」という視点です。地球があってこその人類であり、あなたです。地球自然環境を保存するというのは、「地球を愛する心を持つ」ということに他なりません。愛すると言うのは思いやる行為の実践と言うことです。

○地球に生かされて生きている

今の私たちは科学文明の中で育っています。

科学文明はある意味では私たちに対して大切なことを教え気づかせてくれます。

科学の通説の立場に立つと、宇宙はビッグバンと呼ばれる一三八億年の遠い昔の爆発からスタートして今日に至っているという考えです。四六億年前に太陽系と地球が出来、五〇〇万年前に人類が誕生したという宇宙ドラマになっています。

それは壮大な宇宙ドラマであり、生命のドラマです。あなたは大宇宙の銀河の中の太陽系の中の地球の中の日本で生きている、これは紛れもない事実です。

この話の先にあるのは、宇宙をも飲み込む見えない世界の存在であり働きであります。

宇宙は無限に広がる世界でありますが、その中でも、現に今、私たちが存在しているのは「地球」という星であります。宇宙空間に漂って生命を育んでいる存在です。宇宙の時間の流れの中では、わたしたちの百年の命は、ほんのまばたきの一瞬の時間です。このわずかな時間で命を支えてくれている存在が地球に他なりません。

地球に生かされて生きている、地球に感謝することの重要性がここにあります。

○八十年先の子孫にどんな地球自然環境を残すのか

「三百年先の未来を考えて今なすべきことをせよ」という言い方があります。時間の流れは、三百年はあっという間に過ぎ去るからです。

日本の伊勢神宮では五百年先のことを考えて、植樹が行われているといいます。そのような考えがないと文化は守れないということです。

祖霊さま感謝のしくみからしますと、生きるマックスである八十年の未来を考えて、子孫のために今何を残すべきかを考えることが必要であります。

八十年先の子孫のために何ができるかは、一人の人間としての行動もありますが、社会や地球自然環境を未来の子孫のために、どう残していかなければならないかということも含まれています。

〈八十年先の未来を想定する〉

二十年先の未来
四十年先の未来
六十年先の未来
八十先の未来

子を持つ多くの親の意識は、せいぜい孫までの下二代への思いしかありません。

しかし、現実には下四代八十年の未来まで責任を負っています。自分が生きるという事は、子や孫や未来の子孫のために何を残せるかという課題をつきつけられているのです。

○西洋のキリスト教と東洋の自然観

旧約聖書の創世記には神が地球を創ったプロセスが描かれています。

第一日目から第五日目までは、インフラとなるものの創世です。そして第六日目に、地球に住むありとあらゆる生命体の創造です。六日目の最後に自分の似姿として神は「人」を創造し、その「人」に地球自然のすべてを委ねました。

この創世の物語を読む限りは「自然は神から与えられたもの」ということがわかります。

この考えは今日のキリスト教国に受け継がれています。地球自然環境の問題に対しても、西欧人の考えは「神からいただいたものだから守らなければならない」という視点になっています。「保護」という言葉は人間が主体となったものの見方です。

〈西洋と東洋の自然観〉

西洋の考え	キリスト教 創世神話の影響	神から与えられたもの 自然を「保護する」という考え
東洋の考え	日本の生命観 自然に命が宿る	すべてに霊性が宿る 生きとし生けるものは同じ命

一方、東洋の自然観は「全ての命は同じもの」という考えから、人の優位の自然観にはなっていません。共存共生の命の営みの中では、他の生命の存在をも認めていかなければならないという考えです。自然をどう見るかで、自然への対応が百八十度異なってきます。

祖霊さまの歌

○産んでくれてありがとう

お父さんお母さんありがとう
おじいちゃんおばあちゃんありがとう
そのまた上のおじいちゃんおばあちゃんありがとう
そのまたまた上のおじいちゃんおばあちゃんありがとう

感謝の気持ちは尽きることはない
ありがとうの言葉は何千回何万回言っても言い尽くせぬもの

産んでくれたことに感謝
生まれてこれたことへ感謝

○一番先に感謝しよう

生きることは一人ではできない
人に支えられ助けられて生きている

だからこそ、多くの人への感謝はかかせないもの
その中でも一番の大切な感謝がある
それが親や祖霊さまへの感謝
人生の初めにやらなければならない大切な行為

あたりまえだから
「ありがとう」ということを忘れてしまっていた
お父さんお母さんありがとう。こんな簡単な一言を忘れていた
ましてやおじいちゃんやおばあちゃん、
そのまた上のおじいちゃんやおばあちゃん
そのまた上のおじいちゃんおばあちゃんのことは

遠い世界のこととして気にも留めなかった
もう一度このかけがえのないご縁を結び直してみよう
そこから新しい人生が始まるような気がする

○三十名名からいろいろなことを伝えられ授かっている

私の人生は祖霊さまから私へと、長い時間の旅をしてきた
「三十名の祖霊さまに守られて生きている」って知っていた?
私たちは一人じゃないんだよ
いつも三十名が見守っている
祖霊さまはいつも傍にいて共に人生を歩んでいる
私が知らなくても祖霊さまは一番に私を守っている

自分だけの生命（いのち）じゃないんだ
自分だけの人生じゃないんだよ

○両親や祖霊さまがしてくれたこと

両親がしてくれたことを思い出してみよう

熱を出した時、寝ずに看病してくれたのも両親だった
失恋や就職に悩んだとき、誰よりも心配してくれたのは両親だった

こんなこともあった
あんなこともあった

親がしてくれたことは数えることができない
親からいただいた御恩は尽きせぬものがある

親がいたから今の私がある

○両親には生きている間にできるだけのことをしてあげる

「孝行したいときに親はなし」そんな後悔するような人生は送りたくない

自分ができる範囲でやってみる

同じところに居て、淡々と時を過ごすのも良い
肩をもんだり、食事をしたり
ささやかな時間の中で両親との残り少ない時間を共有する

たまには故郷へ帰省してみよう
父や母はいつも帰りを待っている
子の姿を見るだけで、子がそばにいるだけで
幸せなひと時がそこにある

自分が楽しむ時間をとる前に

親への恩返しの時間を優先させてみる
私はどれだけ親と時を共有したのだろうか
私はどれだけ親と語らってきたのだろうか

○人生で最も重要なことは祖霊さまを大切にすること

人生ではさまざまな大切な作業がある
誕生、学業、趣味、出会い、結婚、出産、家庭、仕事、社会貢献

その中で最も大切な作業が親や祖霊さまに感謝すること
親や祖霊さまへの感謝の気持ちが人生の第一歩
親や祖霊さまへの感謝とご縁結びの作業は、
できれば人生の早い段階で済ませておきたい
そこから真実の人生がはじまっていく
その作業ができていない人生は実態のない幻の人生

親や祖霊さまへの感謝が未来の人生を決めてしまう

○親や祖霊さまの、いろいろな人生ドラマを聞いておこう

両親のこと
おじいちゃんやおばあちゃんのこと
そのまた上のおじいちゃんやおばあちゃんのこと
そのまたまた上のおじいちゃんやおばあちゃんのことを聞いておこう

いろいろな話を聞いてあげることが両親や祖霊さまが喜ぶこと

○感謝することが人生を良くすること

世の中で起こっていることは、祖霊さまと関係がある
良いことは、きっと祖霊さまへの感謝が伝わったとき
悪いことは、きっと祖霊さまへの感謝を忘れてしまったとき

感謝することはツキや運を身に付けること
感謝する人のところに運は身を寄せ
良いことを招いてくれる

○感謝を言葉で表してみよう

感謝は言葉で表してみよう
ありがとうの一言
ありがとうの手紙
心に感謝と愛があれば、ありがとうの一言が一番伝わる
自分の誕生日に、一年一回の感謝の言葉
自分の誕生日に、一年一回の感謝の手紙

○いろいろな行事を大切にしよう

人類の歴史は祖霊さまを大切にしてきた歴史
一年の時間の中で、両親や祖霊さまを大切にするための
多くの行事を設け、伝えてきた

母の日、父の日、敬老の日、
お彼岸やお盆も祖霊さまに出会い感謝する大切な行事

誕生日は祖霊さまに感謝するための日
誕生日は自分の誕生についての深いご縁を感ずる日
一年に一度だけめぐってくるこの日を大切にしよう

○ご縁を結び直すことが大切

ありがとうと何べん言っても変わらない
ご縁の糸を結び直すことが必要
ご縁の糸を結び直した後の気持ちが
本当のありがとう

何事にも変わるためにはセレモニーが必要
ご縁を結び直すことにも大切なセレモニーがある

結び直すセレモニーとは
祖霊さまのことを思い出す、思い出す時間を持つこと、
時間を共有しながらご縁の糸を手繰り寄せる

○本家分家はみな自分のルーツ

あるとき多くの親戚があることを知らされた
本家や分家
人は家族を作り、また独立して家族を作る
一見身近な家族だけが祖霊さまのような気になってくる
血のつながりが私のすべてのルーツ
家族というのは、本当は血のつながりのある人すべてをいう言葉

自分のすべてのルーツに感謝する
自分の上四代三十名の祖霊さまに感謝する
本家も分家も同じご縁のルーツ

○親や祖霊さまは、いろいろな思いで子育てをしてきた

親は、子がすこやかに育ってほしい、幸せになってほしい、と願っている
親はいろいろな思いで子供を見つめ育ててくれた

親の気持ちは自分が親になってしか解らない
親の気持ちに立てば感謝の気持ちがおさえられない
親がしてくれたことを思うと涙がとまらない

○私たちの人生は祖霊さまへ感謝し続ける人生

私たちの人生は祖霊さまへの感謝し続ける人生
思い出した時だけではなく日々の生活で習慣化していく
この習慣化が出来ている人が祖霊さまと共に人生を共有できる

良い運体質の人とは
祖霊さまを大切にして感謝を習慣化している人のこと

日々の感謝活動を実践してみよう
祖霊さま感謝ノート

○呼吸や鼓動に耳をすませてみよう

呼吸に耳をすませてみよう
遠い時間の果てから祖霊さまの想いが伝わってくる
胸の鼓動に耳をすませてみよう
遠い時間の果てから命の鼓動が伝わってくる

呼吸は息吹、
祖霊さまの心、　祖霊さまの魂
私たちは呼吸に託された祖霊さまの想いをいただいている

指先から頭の毛一本さえ、　すべてが祖霊さまからのプレゼント
祖霊さまが今自分といる証
祖霊さまと対話してみましょう
祖霊さまはいつも私と共にいる
呼吸や鼓動に耳をすませてみよう
祖霊さまの魂の声が聞こえてくる

あとがき

幸せの花を咲かせましょう

祖霊さまを大切にすると良い運が味方します

あとがき

幸せの花を咲かせましょう

今回の執筆のテーマでした。

これまで読み進めていかがでしたか。幸せの花を咲かせるのは一見た易いようでいて現実にはなかなか難しいものがあります。

幸せの花を咲かせるには、あなたができることからはじめてください。

三十名の祖霊さまを信じて毎日の感謝活動を実践してください。祖霊さまの存在と大切さを知ったあなたは、必ずや大輪の花を咲かせることができるはずです。

祖霊さまの大切さは、本来ワークショップで伝えるテーマですが、今回は活字媒体の本で伝えました。また、あなたとご縁があればワークショップでお会いしましょう。

ここまで読み進めていただきありがとうございました。

○祖霊さま感謝活動は実践です

この本では、ご縁結びの技術的なことを紹介しましたが、生まれてきたことや今を生きる意味が少しはわかっていただけたと思います。

世の中で感謝することが最も大切な行為ということが言われていますが、この人生におけるさまざまな感謝する心の出発点が両親をはじめとする上四代の祖霊さまへの感謝の気持ちです。そして、日々の生活において私たちを見守り、支えてくれている存在が上四代の祖霊さまです。この事実を知るか否かが正に人生の分かれ道です。こういったテーマに出会ったのもあなたの人生です。

ここに紹介しました祖霊さま縁結び直しのワークショップと日々の感謝活動は、見えない世界の働きをテーマにしていますので、だいぶ概念的な面が含まれています。

ですから、ともすると「わかっちゃった」という頭だけの理解で終わってしまいがちです。何事もそうですが、概念で終わる場合がほとんどです。

○人生で必要な二つの作業

私たちの人生でやるべき作業は二つあります。

一つ目は、「知る作業」です。

人は知らないと不安になります。知る作業は不安を取り除く作業です。

二つ目は、知るだけではその人は変わりません。ですから、「変わる作業」が必要です。「変わる」ということは、日頃の実践によってのみ行われるものです。

祖霊さま感謝活動は日々の実践を通じて行う「変わる作業」に他ならないのです。

○人生は三十名＋あなたの三十一名のチームで生きている

今回の祖霊さまのしくみで知った最大の収穫は、いつも自分を見守り支えてくださっている存在があるということです。

しかも、その存在は三十名いるということです。

今までは、人は一人ひとり独立した存在であり、個として単体で生きていると考えられてきました。ところが祖霊さま三十名図の原理をみてみますと自分一人だけではないことに気づかされます。人生は自分だけでなく三十名＋あなた一名の三十一名で歩んでいることを知ることになるのです。

そう考えますと、人生のさまざまな辛さや困難を乗り越える勇気が湧いてきます。

「人生は自分のためでもあるが祖霊さま三十名のためにもある」

「だからこそ一人ひとりが一度しかない人生を責任をもって歩まなければならない」

そのことに気づいた瞬間、人生が大切なものに見えてきます。

○ご縁結び直しを丁寧に行っていく

祖霊さまの大切さについて今回皆様にご紹介しました。「祖霊さまへのおもいが大切」ということですから、皆様がその気持ちさえあれば、それがそのまま、それぞれの祖霊さまとのご縁結び直しになります。

しかし実際には多くの人が自己流なアプローチになってしまいます。ですから、全国で実地されている結び直しのワークショップに参加されて指導者の下で丁寧に確実に結び直しをしていただいてください。今回祖霊さまとのご縁の結び直しを紹介致しましたのも自己流に陥ることなく行ってほしいという希望からです。

○人類の未来のために

人類の未来を考える。

そう言いますと何か大きな使命と役割があるように聞こえるかもしれません。

実は、人類の未来を考えるというのは、自分の子孫の未来を考えることであります。

この自分の子孫のためには未来が平和で穏やかな社会になってほしいというのが今の気持ちです。

祖霊さまを大切にすることが人としての最も重要なテーマだとしますと、未来のあるべき姿は、祖霊さま感謝活動しかないことに気が付きます。

○祖霊さまを大切にする生き方

今回祖霊さまのしくみを紹介しましたのは、そのしくみを知って日々の祖霊さま感謝活動の実践こそが一度しかない人生を豊かで幸福になる方法であると知ってほしいからです。

その実践は、一にも二にもご健在の両親や祖父母を大切にし、旅立たれた祖霊さまへのおもいを持ち続けることにあります。

祖霊さまを大切にする生き方がこれからのあなたの人生です。

○祖霊さま感謝活動を多くの人に伝える

人というのは自分が変わり幸福になるためには喜んで行動するものです。

今回紹介しました祖霊さま感謝活動でも同じです。人は、自分のためだけに活動している人が大半です。しかし、感謝活動の本当の姿は「人のために生きる」ということにあります。

どうぞ、祖霊さまとのご縁結び直しの体験をなされて、その後は、一人でも多くの方に祖霊さま感謝活動のすばらしさを伝えてください。

○見えない働きがあると思って人生を生きていく

見えない働きがあると思って人生を歩んだ方が、さまざまな困難を乗り切るヒントになります。見える世界が一割でそれを支えているのが九割の見えない世界ということを紹介しました。こう考えますと、祖霊さまの存在を「ない」とおもって生きるよりは、「ある」とおもって生きる方が人生は楽しくなります。

祖霊さま三十名は存在します。あなたを見守り支えています。

そう思うだけで生きる勇気と希望が湧いてきませんか。

○お礼の言葉

まず、人生の最後に私にこのような大切なテーマを与えてくださいました祖霊さまや神仏に深く感謝し御礼を申し上げます。

次に、三十数年前に、今回の大切な祖霊さまの種をいただきました私の師匠の坂田安義先生に心から深く御礼を申し上げます。

そして、私をこの世に送り出してくださいました私に連なる三十名の祖霊さまに厚く御礼を申し上げます。特に、父・宮城倉栄、母・ちよ、祖母・カマドのご三名には、あなたの子として、あなたの孫としてご縁をいただきましたことを誇りに思います。そして、九名の兄弟のご縁をいただきました兄姉にも心から御礼を申し上げます。

今年は私もおじいさんになりました。妻や娘や孫のご縁をいただきました家族にも御礼を申し上げます。

そして、六十年余の長い歳月に多くの先生、先輩方、友人知人のご縁をいただきましたが、おかげさまで実りある人生を歩めたものと受け止めております。出会えました多くの方々のご縁に重ねて深く感謝し御礼を申し上げます。

また、この十年間、共に祖霊さま感謝活動を行ってきました皆様方にも心から御礼を申し上げます。

最後に、この祖霊さま感謝活動の本をまとめるに際しましては、創樹社美術出版の伊藤泰士社長、㈱西崎印刷の清田あづさ社長には祖霊さまの感謝活動の大切さをご理解いただき快く出版をお引き受けいただきました。ここに御礼を申し上げます。

こういった多くの方々のご縁の積み重ねで、この二十一世紀にこの本を上梓できましたことはなによりも嬉しく思います。

幸せの花を咲かせましょう。

このテーマはこれからも大切にしていきたいとおもっています。

人類の未来が、争いがなく豊かで幸せになりますように願ってやみません。皆様方と今生で出会えましたことに深く感謝申し上げます。ありがとうございました。

合掌

◇祖霊さまに感謝するハンドブック◇
祖霊さま

令和３年１月30日　　初版
著　者　　宮 城 悟
発行者　　伊藤泰士
発行所　　株式会社創樹社美術出版
〒111-0034 文京区湯島２丁目５番6号
TEL　03-3816-3331
FAX　03-5684-8127
印刷所　　株式会社ティーケー出版印刷

ISBN978-4-7876-0114-8
乱丁・落丁本はお取り替えいたします。
定価はカバーに表示してあります。

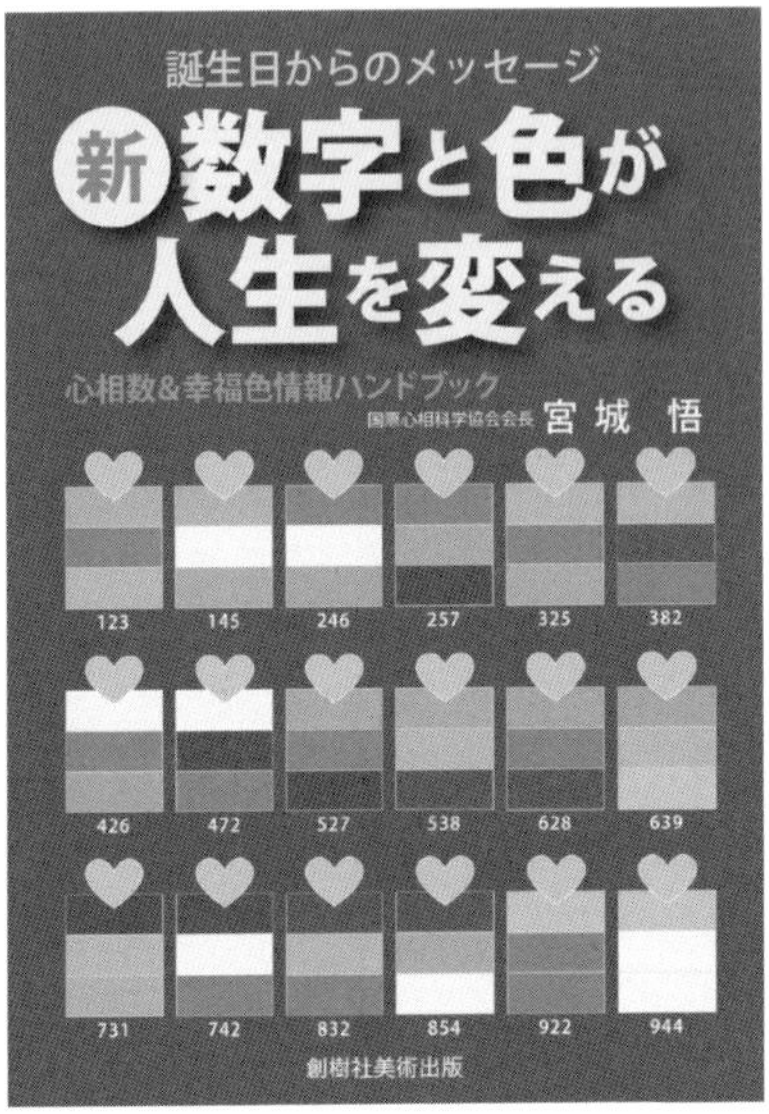

新・数字と色が人生を変える

定価1,980円（本体1,800円＋税10%）

A5判並製　総296ページ（本文カラー81ページ）

ISBN978-4-7876-0094-3

心相科学とは占いとは異なり、誕生日に秘められた暗号を紐解いた理論です。

123から999までの81通りの心相数があり、この数字が私たちの性格・能力・行動パターン・相性・守護色、また運気の流れを表しています。

お子さんの持って生まれた才能・能力を活かす子育てが出来る。ビジネスで上司や同僚、取引相手の好みや性格が分かりコミュニケーションが円滑に進んだなど、多くの読者の方から好評をいただいています。

〈刊行予定〉

―あなたの人生が変わる―

「家庭で出来る30名の祖霊さまとの
ご縁を結び直すための本」（仮題）